この巻《かん》のテーマは「平和主義《へいわしゅぎ》」です。

平和《へいわ》のための憲法条文《けんぽうじょうぶん》と言《い》われて、戦争放棄《せんそうほうき》・戦力不保持《せんりょくふほじ》を定《さだ》めた憲法第《けんぽうだい》9条《じょう》を思《おも》い浮《う》かべる人《ひと》が多《おお》いでしょう。

しかし、平和《へいわ》のための憲法条文《けんぽうじょうぶん》は、第《だい》9条《じょう》だけではありません。

政府《せいふ》が戦争《せんそう》を始《はじ》めようとしたとき、それに抗議《こうぎ》する「第《だい》21条《じょう》 表現《ひょうげん》の自由《じゆう》、集会《しゅうかい》の自由《じゆう》」。

徴兵制《ちょうへいせい》で、無理《むり》やり戦争《せんそう》に協力《きょうりょく》させられそうになったときに、それを止《と》めさせるための「第《だい》18条《じょう》 苦役《くえき》からの自由《じゆう》」。

戦争《せんそう》のための予算《よさん》を成立《せいりつ》させないための、「第《だい》83条《じょう》 国会《こっかい》の予算承認権《よさんしょうにんけん》」。

たくさんの憲法上《けんぽうじょう》のルールが、平和《へいわ》を支《ささ》えています。この本《ほん》に出《で》てくるルール以外《いがい》にも、平和《へいわ》のための条文《じょうぶん》があるかもしれません。この本《ほん》を読《よ》み終《お》わった後《あと》に、ぜひ探《さが》してみてください。

木《き》村《むら》 草《そう》太《た》

ないとどうなる？日本国憲法

第3巻

争いのない日々のために～平和主義～

憲法がある
平和のためには戦争はしない！

国の命令だから戦わなきゃ…
憲法がない

「ある・なし」をくらべてわかる憲法の大切さ

監修 木村草太
（東京都立大学 教授）

Gakken

ないとどうなる？ 日本国《こく》憲《けん》法《ぽう》

もくじ

この本《ほん》の読《よ》み方《かた》

この本《ほん》は「日本国憲法《こくけんぽう》がないとき」と「日本国憲法《こくけんぽう》があるとき」の両方《りょうほう》の状況《じょうきょう》を比《くら》べることで、日本国憲法《こくけんぽう》に対《たい》する理解《りかい》を深《ふか》めるものです。各テーマにおいて、関連《かんれん》する条文《じょうぶん》があるとき・ないときを、イラストをまじえて解説《かいせつ》しています。

イラスト

憲法《けんぽう》がないキャラクターの世界《せかい》で、どのような困《こま》りごとやトラブルが生《しょう》じるかイメージしやすくなります。

本文

憲法《けんぽう》がない場合《ばあい》を考《かんが》える解説《かいせつ》です。小学生《しょうがくせい》にとって身近《みぢか》な例《れい》などを通《とお》して、憲法《けんぽう》がなかったときに何《なに》が起《お》きるか考《かんが》えることができます。

前文
憲法がないと…
日本が戦争をしないことや、戦争への反省が示されない。
新しい憲法をつくったぞ！
また戦争をするつもり？
反省しているのかな
憲法をつくり変え、新しい国家への道を歩み始めても、「いつかまた、同じように戦争をするのではないか？」と、他の国に不信感をもたれてしまっています。
前文
戦争に対する反省を憲法で示していないと？
同じケンカをくり返さないようにするためには？
同じ過ちをくり返すことに意味はある？
平和主義
平和国家

キーワード

このテーマと関連《かんれん》するキーワードが書《か》いてあります。興味《きょうみ》がある人《ひと》は、キーワードについて調《しら》べると理解《りかい》を深《ふか》めることができます。

本文

憲法《けんぽう》がある場合《ばあい》を考《かんが》える解説《かいせつ》です。実際《じっさい》に日本で暮《く》らす私《わたし》たちにとって、憲法《けんぽう》がどういった存在《そんざい》かを説明《せつめい》しています。

まとめ

各《かく》テーマで題材《だいざい》になった憲法《けんぽう》の概要《がいよう》や私《わたし》たちとのつながりをまとめています。

前文
戦争の悲劇をくり返してはいけない
まとめ
憲法があれば…
日本が再び戦争を起こすことはないと示せる。
安心してください
私たちはもう戦争をしません
日本国憲法
【前文1段落目】
「再び戦争を起こすことはない」と宣言し、国家が歩む道を国内外に示しています。そうすることによって、他国は安心して日本と接することができます。

イラスト

憲法《けんぽう》があるキャラクターの世界《せかい》で、私《わたし》たちの権利《けんり》や日々《ひび》の生活《せいかつ》が、憲法《けんぽう》によってどのように守《まも》られているのかが、身近《みぢか》な例《れい》を通《とお》して描《か》かれています。

本書《ほんしょ》の日本国憲法《こくけんぽう》の条文《じょうぶん》の内容《ないよう》について

本書《ほんしょ》に出《で》てくる日本国憲法《こくけんぽう》の条文《じょうぶん》は、小学生《しょうがくせい》にわかりやすく伝《つた》えるという観点《かんてん》で、原典《げんてん》から表現《ひょうげん》を一部変更《いちぶへんこう》して記載《きさい》しています。あらかじめ、ご理解《りかい》・ご容赦《ようしゃ》いただけますよう、よろしくお願《ねが》い申《もう》し上《あ》げます。日本国憲法《こくけんぽう》の原典《げんてん》を確認《かくにん》したい方《かた》は、法令《ほうれい》データベース「e-Gov《イーガブ》法令検索《ほうれいけんさく》」などをご覧《らん》ください。

前文《ぜんぶん》

戦争《せんそう》に対《たい》する反省《はんせい》を憲法《けんぽう》で示《しめ》していないと？

キーワード

- 平和主義《へいわしゅぎ》
- 平和国家《へいわこっか》

同《おな》じケンカをくり返《かえ》さないようにするためには？

自分《じぶん》を主張《しゅちょう》しすぎてトラブルになったことはありませんか。「自分《じぶん》はこう思《おも》う！」という意識《いしき》が強《つよ》いときに友《とも》だちと意見《いけん》がぶつかるとケンカになりがちです。今《いま》では友《とも》だちとおもちゃの取《と》り合《あ》いをしたり、やりたい遊《あそ》びが異《こと》なったりしてケンカになったことが何度《なんど》かあるのではないでしょうか。

もし、遊《あそ》びたいおもちゃが今《いま》また友《とも》だちとかぶってしまったら、あなたはどうしますか？　子《こ》どものころのように自分《じぶん》のことだけを考《かんが》えて主張《しゅちょう》してしまうと、また同《おな》じようにケンカになるでしょう。

では、ケンカにならないようにするには、何《なに》をすればよいのでしょうか。それは、**以前《いぜん》のケンカを反省《はんせい》し、自《じ》分《ぶん》の行動《こうどう》を考《かんが》え直《なお》せばよいのです。**

同《おな》じ過《あやま》ちをくり返《かえ》すことに意味《いみ》はある？

以前《いぜん》の過《あやま》ちを反省《はんせい》せず、同《おな》じことをくり返《かえ》してしまうとどうなってしまうのでしょうか。

80年《ねん》ほど昔《むかし》、日本は戦争《せんそう》を引《ひ》き起《お》こしました。日本の侵略《しんりゃく》を受《う》けた国《くに》では、多《おお》くの人《ひと》が命《いのち》を奪《うば》われ、人権《じんけん》を侵《しん》害《がい》されました。日本国内《こくない》でも、男性《だんせい》も女性《じょせい》も子《こ》どもも戦《せん》争《そう》に動員《どういん》されて多《おお》くの人《ひと》が亡《な》くなり、住《す》む場所《ばしょ》を失《うしな》い、飢《う》えや病気《びょうき》で苦《くる》しみました。

もし、またあのときのように日本が戦争《せんそう》を引《ひ》き起《お》こしてしまったら……。また兵士《へいし》たちは行《い》きたくもない過酷《かこく》な戦場《せんじょう》に行《い》かなければいけません。また、もし核兵器《かくへいき》が使用《しよう》されることになれば、あのころよりも多《おお》くの人《ひと》が犠《ぎ》牲《せい》になるでしょう。何《なん》の罪《つみ》もない人々《ひとびと》が世界中《せかいじゅう》で命《いのち》を落《お》とすことに、何《なん》の意味《いみ》があるのでしょうか。

憲法《けんぽう》がないと…

日本が戦争《せんそう》をしないことや、戦争《せんそう》への反省《はんせい》が示《しめ》されない。

新《あたら》しい憲法《けんぽう》をつくったぞ！
憲法
また戦争《せんそう》をするつもり？
反省《はんせい》しているのかな

憲法《けんぽう》をつくり変《か》え、新《あたら》しい国家《こっか》への道《みち》を歩《あゆ》み始《はじ》めても、「いつかまた、同《おな》じように戦争《せんそう》をするのではないか？」と、他《ほか》の国《くに》に不信感《ふしんかん》をもたれてしまっています。

憲法《けんぽう》があれば…

日本が再《ふたた》び戦《せん》争《そう》を起《お》こすことはないと示《しめ》せる。

安心《あんしん》してください
日本国憲法
私《わたし》たちはもう戦争《せんそう》をしません

【 前文《ぜんぶん》1段落目《だんらくめ》 】

「再《ふたた》び戦争《せんそう》を起《お》こすことはない」と宣言《せんげん》し、国家《こっか》が歩《あゆ》む道《みち》を国内外《こくないがい》に示《しめ》しています。そうすることによって、他国《たこく》は安心《あんしん》して日本と接《せっ》することができます。

戦争《せんそう》の悲劇《ひげき》をくり返《かえ》してはいけない

再《ふたた》び戦争《せんそう》が起《お》こらないように、日本国憲法《にほんこくけんぽう》の前文《ぜんぶん》には1段落目《だんらくめ》に「政府《せいふ》の行為《こうい》によって再《ふたた》び戦争《せんそう》の惨禍《さんか》が起《お》こることのないようにすることを決意《けつい》し、……」と書《か》かれています。

日本国憲法《にほんこくけんぽう》は、第二次世界大戦後《だいにじせかいたいせんご》、マッカーサー率《ひき》いるGHQ(連合国軍最高指令官総司令部《れんごうこくぐんさいこうしれいかんそうしれいぶ》)が、軍隊《ぐんたい》を中心《ちゅうしん》とする国家《こっか》ではなく、**軍人《ぐんじん》でない人《ひと》が政治《せいじ》を行《おこな》う民主主義国家《みんしゅしゅぎこっか》への政策《せいさく》を推《お》し進《すす》める際《さい》に考《かんが》えられた新憲法《しんけんぽう》**です。

日本国憲法《こくけんぽう》は、国民《こくみん》が国《くに》の政治《せいじ》を決《き》める権利《けんり》をもつ「国民主権《こくみんしゅけん》」、人《ひと》が生《う》まれながらにもつ権利《けんり》を尊重《そんちょう》する「基本的人権《きほんてきじんけん》の尊重《そんちょう》」、平和《へいわ》を願《ねが》い平和《へいわ》を最高《さいこう》の理念《りねん》とする「平和主義《へいわしゅぎ》」の三《みっ》つを基本原則《きほんげんそく》としています。

特《とく》に、平和主義《へいわしゅぎ》は第二次世界大戦《だいにじせかいたいせん》で国内外《こくないがい》のたくさんの人々《ひとびと》を苦《くる》しめ、死傷者《ししょうしゃ》を出《だ》したことを反省《はんせい》して取《と》り入《い》れられました。

戦後《せんご》、日本は世界《せかい》と協力《きょうりょく》して平和国家《へいわこっか》としての道《みち》を歩《あゆ》んでいます。例《たと》えば、「核兵器《かくへいき》のない世界《せかい》」の実現《じつげん》に向《む》けて、他《ほか》の国々《くにぐに》といつまでに・どのくらいずつ核兵器《かくへいき》を減《へ》らしていくかを話《はな》し合《あ》う会議《かいぎ》を主導《しゅどう》したり、世界《せかい》の国々《くにぐに》が平和《へいわ》を確保《かくほ》するためにさまざまな支援《しえん》や活動《かつどう》を行《おこな》ったりしています。

戦争《せんそう》はたくさんの人《ひと》の命《いのち》を奪《うば》います。「共存共栄《きょうぞんきょうえい》」をうたいながらアジア諸国《しょこく》を侵略《しんりゃく》し、多《おお》くの人命《じんめい》を奪《うば》っただけでなく、日本人《じん》も何万人《なんまんにん》もが戦場《せんじょう》へ行《い》き、命《いのち》を落《お》として帰《かえ》らぬ人《ひと》になりました。国内《こくない》でも、空襲《くうしゅう》や原爆投下《げんばくとうか》によって大《おお》きな被害《ひがい》を受《う》けました。

「あの戦争《せんそう》は間違《まちが》っていた」と受《う》け止《と》めたからこそ、日本は国《くに》のあり方《かた》を改《あらた》め、国際《こくさい》平和《へいわ》を考《かんが》えるようになりました。戦争《せんそう》の悲惨《ひさん》さを理解《りかい》し、あのような悲劇《ひげき》を二度《にど》とくり返《かえ》さないという国民《こくみん》の誓《ちか》いによって、日本は平和国家《へいわこっか》へと歩《あゆ》みだしたのです。

まとめ

ひとこと条文《じょうぶん》：前文《ぜんぶん》1段落目《だんらくめ》

概要《がいよう》：「政府《せいふ》の行為《こうい》によって、日本が再《ふたた》び戦争《せんそう》を起《お》こすことはない」という宣言《せんげん》。

つながり：実際《じっさい》に戦争《せんそう》に参加《さんか》した人《ひと》の話《はなし》を聞《き》いたり、戦時中《せんじちゅう》に撮《と》られた写真《しゃしん》や戦争《せんそう》についての本《ほん》を読《よ》んだりすることで、戦争《せんそう》の悲惨《ひさん》さを学《まな》んでみよう。

前文《ぜんぶん》

国際《こくさい》社会《しゃかい》での役割《やくわり》が示《しめ》されていないと?

前文《ぜんぶん》に示《しめ》された日本の立場《たちば》

日本国《こく》憲法《けんぽう》の前文《ぜんぶん》には「われらは、平和《へいわ》を維持《いじ》し、専制《せんせい》と隷従《れいじゅう》、圧迫《あっぱく》と偏狭《へんきょう》を地上《ちじょう》から永遠《えいえん》に除去《じょきょ》しようと努《つと》めている国際社会《こくさいしゃかい》において、名誉《めいよ》ある地位《ちい》を占《し》めたいと思《おも》う。」という部分《ぶぶん》があります。

日本は、世界中《せかいじゅう》で大《おお》きな被害《ひがい》を出《だ》した第二次世界大戦《だいにじせかいたいせん》の反省《はんせい》に立《た》ち、この前文《ぜんぶん》を定《さだ》めました。この部分《ぶぶん》では、「国際社会《こくさいしゃかい》は、平和《へいわ》を保《たも》つことを努力《どりょく》し、専制的《せんせいてき》な政治《せいじ》、他国《たこく》などへの服従《ふくじゅう》、他国《たこく》や自国民《じこくみん》への圧迫《あっぱく》、視野《しや》が狭《せま》い排他的《はいたてき》な考《かんが》え方《かた》を排除《はいじょ》したいと考《かんが》えており、そんな国際《こくさい》社会《しゃかい》の考《かんが》えに沿《そ》って、日本は立派《りっぱ》な名誉《めいよ》ある地位《ちい》にありたい。」ということが宣言《せんげん》されています。

そして、**世界《せかい》に生《い》きる人《ひと》たちが、戦争《せんそう》による恐怖《きょうふ》と貧困《ひんこん》から解放《かいほう》され、平和《へいわ》な社会《しゃかい》で生《い》きていく権利《けんり》があること**を認《みと》めています。

国際社会《こくさいしゃかい》を信用《しんよう》しているのかわからなくなる

日本国《こく》憲法《けんぽう》の前文《ぜんぶん》に、上《うえ》の一文《いちぶん》がないと、どのような印象《いんしょう》になるでしょうか。一《ひと》つ前《まえ》の文《ぶん》で、日本は、いつまでも平和《へいわ》な世《よ》の中《なか》が続《つづ》くことを願《ねが》っており、その中《なか》で安全《あんぜん》と生存《せいぞん》を実現《じつげん》したいという意思《いし》が示《しめ》されました。

しかしながら、それに続《つづ》く上《うえ》の一文《いちぶん》が抜《ぬ》けてしまうと、日本が国際社会《こくさいしゃかい》をどのように見《み》ているのか、国際社会《こくさいしゃかい》でどのような役割《やくわり》を果《は》たしたいと思《おも》っているのかが示《しめ》されないことになってしまいます。世界《せかい》からは、

「日本は国際社会《こくさいしゃかい》が何《なに》を目指《めざ》すのかわかっているのか?」

「どのような役割《やくわり》を果《は》たすのか?」

「そもそも、国際社会《こくさいしゃかい》を信用《しんよう》しているのか?」

と思《おも》われてしまうかもしれません。

キーワード

- 国際連合《こくさいれんごう》

憲法《けんぽう》がないと…

日本は国際社会《こくさいしゃかい》を信用《しんよう》していないと思《おも》われてしまう。

……。
平和《へいわ》のために協力《きょうりょく》しましょう！

日本が国際社会《こくさいしゃかい》でどんな役割《やくわり》を果《は》たしたいのかが、国民《こくみん》にも世界《せかい》にも示《しめ》されません。

憲法《けんぽう》が あれば…

日本は国際《こくさい》社会《しゃかい》に対《たい》して、世界《せかい》平和《へいわ》への貢献《こうけん》を示《しめ》せる。

【前文《ぜんぶん》2段落目《だんらくめ》】

日本の国際社会《こくさいしゃかい》に対《たい》する認識《にんしき》と、国際社会《こくさいしゃかい》で果《は》たしたい役割《やくわり》を示《しめ》しています。

国際《こくさい》社会《しゃかい》と協調《きょうちょう》する意思《いし》を世界中《せかいじゅう》の人《ひと》に示《しめ》せる

この前文《ぜんぶん》があることで、日本は
「国際社会《こくさいしゃかい》は平和《へいわ》を求《もと》めており、独裁的《どくさいてき》な政治《せいじ》や視野《しや》の狭《せま》いひとりよがりの考《かんが》え方《かた》などを、排除《はいじょ》したいと思《おも》っている」
ということを理解《りかい》していると示《しめ》すとともに、そのような国際社会《こくさいしゃかい》において立派《りっぱ》だと思《おも》われるような役割《やくわり》を果《は》たしたい、つまり、世界《せかい》の平和《へいわ》に貢献《こうけん》したいという意思《いし》を示《しめ》しています。

世界《せかい》の多《おお》くの国《くに》は、自分《じぶん》の国《くに》だけではなく、世界中《せかいじゅう》の国《くに》の平和《へいわ》を望《のぞ》んでいます。それによって、ともに発展《はってん》していけるからです。

平和《へいわ》とは、一《ひと》つの国《くに》だけで実現《じつげん》できるものではありません。

例《たと》えば、ある国《くに》が平和《へいわ》を願《ねが》っていても、別《べつ》の国《くに》が攻《せ》めてきたらどうなるでしょう？　自分《じぶん》の国《くに》を守《まも》るために戦争《せんそう》になってしまい、人々《ひとびと》は命《いのち》の危機《きき》にさらされてしまいます。

平和《へいわ》とは、それを願《ねが》う国際社会《こくさいしゃかい》の協力《きょうりょく》のもとに実現《じつげん》できるものです。

世界《せかい》では、今《いま》でもさまざまな場所《ばしょ》で戦争《せんそう》や紛争《ふんそう》が起《お》こっていますが、国際社会《こくさいしゃかい》が協調《きょうちょう》し、これらをなくす努力《どりょく》を続《つづ》けていくことが大切《たいせつ》です。

１９４５年《ねん》に設立《せつりつ》された国際連合《こくさいれんごう》（国連《こくれん》）には、２０２３年現在《ねんげんざい》１９３か国《こく》が加盟《かめい》しています。国際連合《こくさいれんごう》の大《おお》きな役割《やくわり》の一《ひと》つに、世界《せかい》の平和《へいわ》と安全《あんぜん》を維持《いじ》し、国《くに》どうしの友好関係《ゆうこうかんけい》を発展《はってん》させることがあります。

日本は、こういった国際組織《こくさいそしき》の活動《かつどう》などを通《つう》じて、世界《せかい》の平和《へいわ》を実現《じつげん》する役割《やくわり》を果《は》たしています。

まとめ

ひとこと条文《じょうぶん》：前文《ぜんぶん》２段落目《だんらくめ》

概要《がいよう》：日本は国際社会《こくさいしゃかい》の一員《いちいん》として、世界《せかい》の平和《へいわ》に貢献《こうけん》したいと宣言《せんげん》している。

つながり：戦争《せんそう》がない、平和《へいわ》な状態《じょうたい》だからこそ、国民《こくみん》があたりまえにもっている人権《じんけん》が守《まも》られる。

第《だい》9条《じょう》

—1項《こう》—

暴力《ぼうりょく》や武力《ぶりょく》による問題《もんだい》の解決《かいけつ》が あたりまえだったら？

キーワード

- 戦争《せんそう》の放棄《ほうき》
- 国際平和《こくさいへいわ》

解決《かいけつ》の手段《しゅだん》は暴力《ぼうりょく》？

意見《いけん》がぶつかることは、だれにでもあります。そこからケンカに発展《はってん》することも珍《めずら》しくありません。もしケンカをしても仲直《なかなお》りや解決《かいけつ》ができればよいのですが、次《つぎ》のAさんとその弟《おとうと》の解決方法《かいけつほうほう》はどうでしょうか。

Aさんの家《いえ》では、最後《さいご》にお風呂《ふろ》に入《はい》った人《ひと》がお風呂《ふろ》掃《そう》除《じ》をするルールになっています。この日《ひ》は二人《ふたり》とも夜遅《よるおそ》くまでテレビを観《み》ていたので、二人《ふたり》で最後《さいご》にお風呂《ふろ》に入《はい》りました。どちらかがお風呂掃除《ふろそうじ》をしなければいけません。先《さき》にお風呂《ふろ》に入《はい》ったのはAさんでしたが、先《さき》に出《で》たのは弟《おとうと》でした。

二人《ふたり》とも掃除《そうじ》はめんどくさいので、できればやりたくありません。どちらもゆずらないので、らちが明《あ》かず、Aさんは弟《おとうと》を無理《むり》やり脱衣所《だついじょ》まで連《つ》れて行《い》き、けり飛《と》ばして「掃除《そうじ》をしたらここから出《だ》してやる」とドアを閉《し》めて出《で》られないようにしてしまいました。

結果的《けっかてき》に対立《たいりつ》は暴力《ぼうりょく》で解決《かいけつ》されましたが、本当《ほんとう》にこれでよかったのでしょうか？

侵略《しんりゃく》が多《おお》く起《お》こる!?

政治《せいじ》の世界《せかい》で暴力《ぼうりょく》や武力《ぶりょく》が許《ゆる》されると、大変《たいへん》なことになってしまいます。

例《たと》えば、A国《こく》がB国《こく》から食《た》べ物《もの》を輸入《ゆにゅう》することで自国《じこく》の農作物《のうさくもつ》が売《う》れず、困《こま》っていたとします。A国《こく》はB国《こく》からの輸入《ゆにゅう》をやめることに決《き》めましたが、B国《こく》としては輸《ゆ》出《しゅつ》していた食《た》べ物《もの》が売《う》れなくなってしまうので困《こま》ります。

そこで、B国《こく》は「そうだ、A国《こく》を自分《じぶん》の国《くに》の領土《りょうど》にすれば、これまでと同《おな》じように農作物《のうさくもつ》を売《う》れるぞ」と考《かんが》え、A国《こく》を武力《ぶりょく》によって侵略《しんりゃく》し始《はじ》めました。

B国《こく》の軍《ぐん》は、抵抗《ていこう》するA国《こく》の人々《ひとびと》を捕《と》らえたり、ミサイルでA国《こく》を攻撃《こうげき》したりして侵攻《しんこう》していきます。

暴力《ぼうりょく》や武力《ぶりょく》での解決《かいけつ》があたりまえの世《よ》の中《なか》だったら、いったいどれほど多《おお》くの人《ひと》が苦《くる》しむのでしょうか。

憲法《けんぽう》がないと…

意見《いけん》がぶつかるたびに戦争《せんそう》の危機《きき》!?

私《わたし》に反対《はんたい》するなら君《きみ》の国《くに》にミサイルを撃《う》とうかなぁ
それだけは……！

意見《いけん》が違《ちが》ったときに「武力《ぶりょく》で解決《かいけつ》したらよい」と考《かんが》えていることが問題《もんだい》です。一人《ひとり》ひとりは尊《とうと》い存在《そんざい》であり、傷《きず》つけてもよい対象《たいしょう》ではありません。

憲《けん》法《ぽう》が
あれば…

武《ぶ》力《りょく》行《こう》使《し》なんてもってのほか！　話《はな》し合《あ》いで解《かい》決《けつ》！

この問題《もんだい》については
じっくり話《はな》し合《あ》いましょう

【 第《だい》9条《じょう》1項《こう》　戦《せん》争《そう》の放《ほう》棄《き》 】

日本は国際平和《こくさいへいわ》を望《のぞ》む平和国家《へいわこっか》であることから、国際紛争《こくさいふんそう》を解決《かいけつ》する手段《しゅだん》として武力行使《ぶりょくこうし》は行《おこな》いません。

侵略《しんりゃく》戦争《せんそう》は二度《にど》としません

日本は第二次世界大戦《だいにじせかいたいせん》とそれ以前《いぜん》の戦争《せんそう》の歴史《れきし》を反省《はんせい》し、日本国憲法《こくけんぽう》で「第《だい》9条《じょう》1項《こう》　戦争《せんそう》の放棄《ほうき》」を定《さだ》めています。日本は国際平和《こくさいへいわ》を願《ねが》うことから、**武力行使《ぶりょくこうし》を永久《えいきゅう》に放棄《ほうき》することを約束《やくそく》しています。**

また、これによって、他国《たこく》から「いっしょにA国《こく》を侵略《しんりゃく》しよう」と言《い》われても、日本はそれを手伝《てつだ》うことはできません。

では、他国《たこく》が武力《ぶりょく》によって日本を攻撃《こうげき》してきた場合《ばあい》、日本は黙《だま》って攻撃《こうげき》を受《う》けるだけなのでしょうか？

いいえ、そんなことはありません。日本政府《せいふ》としては、主権国家《しゅけんこっか》には自衛権《じえいけん》があり、憲法《けんぽう》は「自衛《じえい》のための必要《ひつよう》最小限度《さいしょうげんど》の実力《じつりょく》」をもつことを禁止《きんし》していないとしています。つまり、日本は他国《たこく》から武力《ぶりょく》によって脅《おびや》かされている場合《ばあい》、自衛隊《じえいたい》によって自衛《じえい》の措置《そち》をとることを認《みと》めているのです。

したがって、もし他国《たこく》の軍《ぐん》が日本を侵略《しんりゃく》しに来《き》たら、日本は速《すみ》やかに敵軍《てきぐん》を排除《はいじょ》することができます。

また、日本は防衛《ぼうえい》のために、アメリカと日米安全保障《にちべいあんぜんほしょう》条約《じょうやく》（日米安保条約《にちべいあんぽじょうやく》）を結《むす》んでいます。この条約《じょうやく》は日本が攻撃《こうげき》を受《う》けた場合《ばあい》、アメリカと共同《きょうどう》で防衛《ぼうえい》にあたることを約束《やくそく》するものです。そのため、日本はアメリカ軍《ぐん》が日本の領域《りょういき》に駐留《ちゅうりゅう》することを認《みと》めています。

このようにして、**日本は必要最小限度《ひつようさいしょうげんど》の力《ちから》だけをもって自国《じこく》を守《まも》ることのみに集中《しゅうちゅう》しています。**

昔《むかし》の日本は、侵略《しんりゃく》によって多《おお》くの国《くに》と人《ひと》に損害《そんがい》を与《あた》えました。それだけでなく、戦争《せんそう》で多《おお》くの日本国民《こくみん》の命《いのち》を失《うしな》うことになりました。

かつての悲劇《ひげき》をくり返《かえ》さないように、そして、武力《ぶりょく》での争《あらそ》いになるような真似《まね》をしないように、憲法《けんぽう》は戦争《せんそう》の放棄《ほうき》を固《かた》く誓《ちか》っているのです。

まとめ

ひとこと条文《じょうぶん》：第《だい》9条《じょう》1項《こう》　戦争《せんそう》の放棄《ほうき》

概要《がいよう》：日本は他国《たこく》を脅《おびや》かすための武力行使《ぶりょくこうし》を永久《えいきゅう》に行《おこな》わない。

つながり：武力《ぶりょく》ではなく話《はな》し合《あ》いでの解決《かいけつ》を目指《めざ》すことで、誰《だれ》の命《いのち》も脅《おびや》かすことなくお互《たが》いの意見《いけん》を尊重《そんちょう》しながら物事《ものごと》を考《かんが》えることができる。

第《だい》9条《じょう》

—2項《こう》—

陸軍《りくぐん》などの戦力《せんりょく》をもたないことが示《しめ》されていなかったら？

キーワード

● 自衛隊《じえいたい》

● 集団的《しゅうだんてき》自衛権《じえいけん》

戦力《せんりょく》はもたない、交戦権《こうせんけん》は認《みと》めない

近所《きんじょ》に住《す》んでいる人《ひと》が、包丁《ほうちょう》やナイフ、猟銃《りょうじゅう》など物騒《ぶっそう》なものをたくさんもっていたら、どう思《おも》いますか？　もしその人《ひと》がどんなに上品《じょうひん》で優《やさ》しくても「この人《ひと》、武器《ぶき》をたくさんもって何《なに》に使《つか》うのか？」と思《おも》うかもしれません。それと同《おな》じように、ある国《くに》が必要《ひつよう》な量《りょう》よりはるかに多《おお》くの武器《ぶき》を保持《ほじ》していると、「この国《くに》は戦争《せんそう》をしようとしているのではないか？」と思《おも》われるおそれがあります。日本国憲法第《にほんこくけんぽうだい》9条《じょう》1項《こう》では、「実際《じっさい》に日本は戦争《せんそう》をしません」と示《しめ》し戦争《せんそう》の放棄《ほうき》を定《さだ》めていますが、2項《こう》では不必要《ふひつよう》な量《りょう》の武器《ぶき》を保持《ほじ》しないために、「陸海空軍《りくかいくうぐん》その他《た》の戦力《せんりょく》は、これを保持《ほじ》しない。国《くに》の交戦権《こうせんけん》は、これを認《みと》めない。」と定《さだ》めています。つまり、軍事力《ぐんじりょく》はもたず、交戦権《こうせんけん》（捕《ほ》りょをつかまえたり敵国《てきこく》の領土《りょうど》を攻撃《こうげき》したりするなど、国際法《こくさいほう》で交戦《こうせん》国《こく》に認《みと》められた権利《けんり》）はないということです。

強大《きょうだい》な軍隊《ぐんたい》が生《う》まれ、それが暴走《ぼうそう》するかも……

日本国憲法《にほんこくけんぽう》に、第《だい》9条《じょう》2項《こう》がないと何《なに》が起《お》こるでしょうか？　1項《こう》で、「日本国民《にほんこくみん》は国際平和《こくさいへいわ》を望《のぞ》み、国際紛《こくさいふん》争解決《そうかいけつ》の手段《しゅだん》として、戦争《せんそう》や武力《ぶりょく》によるおどし、武力《ぶりょく》の行使《こうし》はしません」と宣言《せんげん》する一方《いっぽう》で、陸軍《りくぐん》・海軍《かいぐん》などの戦力《せんりょく》や交戦権《こうせんけん》については触《ふ》れられないことになるため、**いつの間《ま》にか強大《きょうだい》な軍隊《ぐんたい》と大量《たいりょう》の武器《ぶき》を所持《しょじ》するかもしれません。**その結果《けっか》、他《ほか》の国《くに》から「日本は戦争《せんそう》をしないと言《い》っているけど、強《つよ》い軍隊《ぐんたい》と大《たい》量《りょう》の武器《ぶき》をもっている。もしかすると、いつかどこかの国《くに》を攻撃《こうげき》するための準備《じゅんび》かもしれない」と疑《うたが》いをもたれることが予想《よそう》されます。

また、実際《じっさい》に軍隊《ぐんたい》が暴走《ぼうそう》し、政治機関《せいじきかん》を無視《むし》して他《ほか》の国《くに》に攻《せ》めこんだり、内閣《ないかく》や国会《こっかい》などの組織《そしき》をおどして、機能《きのう》を停止《ていし》させてしまったりすることもあり得《え》ます。

憲法《けんぽう》がないと…

いつの間《ま》にか軍事大国《ぐんじたいこく》になるかもしれない。

武器《ぶき》はただもって
いるだけですよ……
実際《じっさい》に使《つか》うわけない
じゃないですか

必要以上《ひつよういじょう》の武器《ぶき》を所持《しょじ》したり、軍事力《ぐんじりょく》をもつ組織《そしき》が暴走《ぼうそう》したりする可能性《かのうせい》があります。

憲法《けんぽう》がありえば…

国《くに》の軍事力《ぐんじりょく》は、防衛《ぼうえい》に必要《ひつよう》な最小限度《さいしょうげんど》のものに限《かぎ》られる。

もしものときのために
たくさん買《か》って
おきませんか？
私《わたし》たちの国《くに》には
必要《ひつよう》ありません！

【第《だい》9条《じょう》2項《こう》　軍備《ぐんび》及《およ》び交戦権《こうせんけん》の否認《ひにん》】

国家《こっか》のもつ軍事力《ぐんじりょく》を必要最小限度《ひつようさいしょうげんど》に制限《せいげん》することができる。

防衛《ぼうえい》に必要《ひつよう》な、最小限度《さいしょうげんど》の武力《ぶりょく》だけをもつようになる

日本国《こく》憲法《けんぽう》第《だい》9条《じょう》2項《こう》では、

「陸軍《りくぐん》・海軍《かいぐん》・空軍《くうぐん》・その他《た》の戦力《せんりょく》は、もたない。国《くに》の交戦権《こうせんけん》は、認《みと》めない。」

ということが明記《めいき》されています。

この条文《じょうぶん》は、文字通《もじどお》り

「日本が他《ほか》の国《くに》から攻《せ》められたときも、武力《ぶりょく》を使《つか》って阻止《そし》することは認《みと》められず、自分《じぶん》たちを守《まも》るための武力《ぶりょく》ももってはいけない」

という解釈《かいしゃく》をすることもできます。

しかし、一般的《いっぱんてき》に国民《こくみん》の生命《せいめい》と財産《ざいさん》を守《まも》ることが、政府《せいふ》の役割《やくわり》であることから「自衛《じえい》のための必要最小限度《ひつようさいしょうげんど》の実力《じつりょく》」をもつことは禁止《きんし》されていないと解釈《かいしゃく》されています。その解釈《かいしゃく》に基《もと》づいて、日本は自衛隊《じえいたい》をもっているのです。

自衛隊《じえいたい》の役割《やくわり》は、**日本の平和《へいわ》と独立《どくりつ》を守《まも》ることで、災害時《さいがいじ》の人命救助《じんめいきゅうじょ》などにも出動《しゅつどう》します。**他《ほか》の国《くに》を攻《せ》めることを目的《もくてき》とはしていないため、自衛隊《じえいたい》は必要最小限度《ひつようさいしょうげんど》の武力《ぶりょく》だけを備《そな》えています。

この条文《じょうぶん》があることで、日本は武力《ぶりょく》を用《もち》いることに慎重《しんちょう》になり、新《あたら》しい武器《ぶき》をもつときには、それが本当《ほんとう》に必要最小限度《ひつようさいしょうげんど》のものなのか考《かんが》えなければいけません。

また、これまで日本国憲法《こくけんぽう》では、同盟関係《どうめいかんけい》にある他国《たこく》が攻《せ》められたとき、その防衛活動《ぼうえいかつどう》に参加《さんか》することができる集団的自衛権《しゅうだんてきじえいけん》は認《みと》められないという立場《たちば》でした。しかし、政府《せいふ》は、２０１４年《ねん》に限定的《げんていてき》に集団的自衛権《しゅうだんてきじえいけん》を使《つか》えるという見解《けんかい》に変更《へんこう》しました。

ただし、この見解《けんかい》に対《たい》しては、法律家《ほうりつか》の多《おお》くが憲法違反《けんぽういはん》だとして批判《ひはん》しています。

まとめ

ひとこと条文《じょうぶん》：第《だい》9条《じょう》2項《こう》　軍備《ぐんび》及《およ》び交戦権《こうせんけん》の否認《ひにん》

概要《がいよう》：戦力《せんりょく》はもつことができない（自衛《じえい》のための必要《ひつよう》最小限度《さいしょうげんど》のものに限《かぎ》る）。敵国《てきこく》を攻撃《こうげき》することはできない。

つながり：自衛隊《じえいたい》は日本の平和《へいわ》と安全《あんぜん》を守《まも》る組織《そしき》で、災害時《さいがいじ》などにも出動《しゅつどう》する。

コラム

大《だい》日本帝《てい》国《こく》憲《けん》法《ぽう》と日本国《こく》憲《けん》法《ぽう》の違《ちが》いは？

日本国《こく》憲《けん》法《ぽう》では、三《さん》原《げん》則《そく》をもとに、さまざまなことが決《き》められているよ。

大《だい》日本帝《てい》国《こく》憲《けん》法《ぽう》では、主《しゅ》権《けん》者《しゃ》は天《てん》皇《のう》。人《じん》権《けん》も制《せい》限《げん》があり、戦《せん》争《そう》も禁《きん》止《し》されていなかったね。

今回《こんかい》は、大《だい》日本帝《てい》国《こく》憲《けん》法《ぽう》と日本国《こく》憲《けん》法《ぽう》について話《はな》し合《あ》ってみようか。まず、大《だい》日本帝《てい》国《こく》憲《けん》法《ぽう》について。この憲《けん》法《ぽう》をつくるにあたっては、どのような背景《はいけい》があったかな。

はい。明《めい》治《じ》時《じ》代《だい》、日本は欧《おう》米《べい》に追《お》いつこうと近《きん》代《だい》的《てき》な国《こっ》家《か》づくりを目《め》指《ざ》していました。大《だい》日本帝《てい》国《こく》憲《けん》法《ぽう》をつくったのはそのあらわれの一《ひと》つだと思《おも》います。

そうだね。では、国《くに》のあり方《かた》を最《さい》終《しゅう》的《てき》に決《き》める力《ちから》である「主《しゅ》権《けん》」はだれにあったかな？

大《だい》日本帝《てい》国《こく》憲《けん》法《ぽう》では、天《てん》皇《のう》が主《しゅ》権《けん》者《しゃ》でした。

では、国《こっ》会《かい》の役《やく》割《わり》はどうだったかな？

国《こっ》会《かい》は天《てん》皇《のう》に同《どう》意《い》する機《き》関《かん》という位《い》置《ち》づけでした。選《せん》挙《きょ》は衆《しゅう》議《ぎ》院《いん》のみで行《おこな》われ、もう一《ひと》つの貴《き》族《ぞく》院《いん》では、皇《こう》族《ぞく》や華《か》族《ぞく》（もと公《く》家《げ》や大《だい》名《みょう》）、天《てん》皇《のう》が任《にん》命《めい》した者《もの》が議《ぎ》員《いん》になりました。

貴《き》族《ぞく》院《いん》は国《こく》民《みん》の代《だい》表《ひょう》といえるのかな……。

それはよい視《し》点《てん》だね。では次《つぎ》に、人《じん》権《けん》や軍《ぐん》隊《たい》についてはどう？

一緒《いっしょ》に学《まな》ぼう！

人権《じんけん》は、議会《ぎかい》が定《さだ》めた法律《ほうりつ》の範囲内《はんいない》で認《みと》められました。また、軍隊《ぐんたい》については、指揮《しき》をとる権利《けんり》(統帥権《とうすいけん》)を天皇《てんのう》がもち、国民《こくみん》には兵役《へいえき》の義務《ぎむ》がありました。

くわしくありがとう。今度《こんど》は日本国憲法《こくけんぽう》についてみていこう。日本国憲法《こくけんぽう》がつくられたときの背景《はいけい》はどうだったかな?

はい。日本国憲法《こくけんぽう》は、太平洋戦争《たいへいようせんそう》が終《お》わり、日本が民主化《みんしゅか》と非軍事化《ひぐんじか》の方針《ほうしん》で再出発《さいしゅっぱつ》しようとした時期《じき》につくられました。

そうだね。では、主権者《しゅけんしゃ》はだれかな?

主権者《しゅけんしゃ》は天皇《てんのう》から国民《こくみん》に変《か》わりました。国民主権《こくみんしゅけん》です。そして、天皇《てんのう》は「日本国《こく》と日本国民統合《こくみんとうごう》の象徴《しょうちょう》」となって、国《くに》の政治《せいじ》にはかかわらないことになりました。

国会《こっかい》や人権《じんけん》、軍隊《ぐんたい》についてはどうだろう?

国会《こっかい》は国権《こっけん》の最高機関《さいこうきかん》になり、衆議院《しゅうぎいん》も参議院《さんぎいん》も、議員《ぎいん》は国民《こくみん》による選挙《せんきょ》で選《えら》ばれるようになりました。また、人権《じんけん》も重視《じゅうし》されるようになり、基本的人権《きほんてきじんけん》の尊重《そんちょう》が憲法《けんぽう》で定《さだ》められました。

軍隊《ぐんたい》については、戦争《せんそう》で多大《ただい》な犠牲《ぎせい》を国内外《こくないがい》に出《だ》したことを反省《はんせい》して、戦争《せんそう》を放棄《ほうき》する平和主義《へいわしゅぎ》をとっています。

こうしてみてみると、**日本国憲法《こくけんぽう》の三《みっ》つの原則《げんそく》は、実《じつ》は大《だい》日本帝国憲法《ていこくけんぽう》と比《くら》べて大《おお》きく変《か》わったポイント**なんだね。

本当《ほんとう》だ!

大《だい》日本帝国憲法《ていこくけんぽう》		日本国憲法《こくけんぽう》
1889(明治《めいじ》22)年《ねん》2月《がつ》11日《にち》	**公布《こうふ》**	1946(昭和《しょうわ》21)年《ねん》11月《がつ》3日《か》
天皇主権《てんのうしゅけん》	**主権《しゅけん》**	**国民主権《こくみんしゅけん》**
神聖不可侵《しんせいふかしん》で統治権《とうちけん》を持《も》つ	**天皇《てんのう》**	日本国《こく》・日本国民統合《こくみんとうごう》の象徴《しょうちょう》
天皇《てんのう》の協賛《きょうさん》(同意《どうい》)機関《きかん》 貴族院《きぞくいん》と衆議院《しゅうぎいん》	**国会《こっかい》**	国権《こっけん》の最高機関《さいこうきかん》、唯一《ゆいいつ》の立法機関《りっぽうきかん》 衆議院《しゅうぎいん》と参議院《さんぎいん》
法律《ほうりつ》の範囲内《はんいない》で認《みと》められる	**人権《じんけん》**	侵《おか》すことのできない永久《えいきゅう》の権利《けんり》として認《みと》められる(**基本的人権《きほんてきじんけん》の尊重《そんちょう》**)
天皇《てんのう》が統帥権《とうすいけん》をもつ 国民《こくみん》に兵役《へいえき》の義務《ぎむ》	**軍隊《ぐんたい》**	戦争《せんそう》を放棄《ほうき》する(**平和主義《へいわしゅぎ》**)

第《だい》14条《じょう》

—2・3項《こう》—

特権的《とっけんてき》な身分制度《みぶんせいど》が認《みと》められていたら？

キーワード

・平等権《びょうどうけん》

特別扱《とくべつあつか》いされる人《ひと》たちが現《あらわ》れる？

もし、あなたの友《とも》だちに「偉《えら》い人《ひと》の子孫《しそん》だから」「お父《とう》さんが有名《ゆうめい》な政治家《せいじか》だから」「この地域《ちいき》に昔《むかし》から住《す》んでいるから」などの理由《りゆう》で、学校《がっこう》で特別《とくべつ》な扱《あつか》いを受《う》けている人《ひと》がいたらどう思《おも》いますか？

「僕《ぼく》のおじいちゃんは政治家《せいじか》なんだ。だから僕《ぼく》の給食《きゅうしょく》は特別《とくべつ》メニューだし、高級《こうきゅう》な文房具《ぶんぼうぐ》が国《くに》から支給《しきゅう》されるんだよ。あのおじいちゃんの孫《まご》に生《う》まれたんだから当然《とうぜん》だよね」

友《とも》だちはそう話《はな》しますが、どんなにおじいさんが偉《えら》い人《ひと》で、国《くに》のために貢献《こうけん》したとしても、友《とも》だち自身《じしん》はすごいことをしたわけではありません。

このように、**栄誉《えいよ》や勲章《くんしょう》が本人《ほんにん》と関係《かんけい》のない子孫《しそん》にまで引《ひ》き継《つ》がれ、特別《とくべつ》な身分《みぶん》のようになっている**ことは、とても不公平《ふこうへい》な感《かん》じがしませんか。

軍人《ぐんじん》などが特権的《とっけんてき》な身分《みぶん》になる？

もし軍人《ぐんじん》などに特権的《とっけんてき》な身分制度《みぶんせいど》が認《みと》められたら、どのようなことが起《お》こるでしょうか。

「軍人階級《ぐんじんかいきゅう》の人《ひと》は選挙《せんきょ》で10票《ぴょう》入《い》れられる」「軍人階級《ぐんじんかいきゅう》の人《ひと》が罪《つみ》を犯《おか》しても、刑罰《けいばつ》は軽《かる》くて済《す》む」などの特権《とっけん》を得《え》て、不平等《ふびょうどう》な社会《しゃかい》になることが予想《よそう》されます。かつては戦争《せんそう》で功績《こうせき》をあげた軍人《ぐんじん》が、特権《とっけん》や特別《とくべつ》の身分《みぶん》を得《え》ることは珍《めずら》しくありませんでした。もし軍隊《ぐんたい》のトップの人《ひと》に、「あなたは、軍隊《ぐんたい》で活躍《かつやく》したから勲章《くんしょう》を与《あた》えよう。あなたの子《こ》どもや孫《まご》も、栄誉《えいよ》ある一族《いちぞく》だ」などということが行《おこな》われると、その人《ひと》の一族《いちぞく》は、一般《いっぱん》の人《ひと》とは異《こと》なる特別《とくべつ》な身分《みぶん》になってしまいます。

こういった特権《とっけん》をもった人《ひと》たちが、一般《いっぱん》の人《ひと》たちの意見《いけん》を無視《むし》し、自分《じぶん》にとって都合《つごう》のよい政治《せいじ》が行《おこな》われる可能性《かのうせい》が高《たか》くなります。

憲法《けんぽう》がないと…

功績《こうせき》のあった軍人《ぐんじん》などが特権《とっけん》階級《かいきゅう》として扱《あつか》われる。

国《くに》のためによくやった君《きみ》には特別《とくべつ》な身分《みぶん》を授《さず》けてやろう
ありがたき幸《しあわ》せっ！

貴族《きぞく》や軍人《ぐんじん》などが所属《しょぞく》する、特権的《とっけんてき》な身分《みぶん》だけに有利《ゆうり》な法《ほう》律《りつ》がつくられたり、政策《せいさく》が行《おこな》われたりするかもしれません。

憲法《けんぽう》があれば…

日本では特権的《とっけんてき》な身分《みぶん》は許《ゆる》されていない。

特権《とっけん》などがなくても
光栄《こうえい》なことです……！

【第《だい》14条《じょう》2項《こう》・3項《こう》　貴族《きぞく》の禁止《きんし》、栄典《えいてん》】

日本では、貴族《きぞく》などの特権的《とっけんてき》な身分《みぶん》は認《みと》められておらず、一部《いちぶ》の身分《みぶん》だけが得《とく》をするような制度《せいど》はつくれません。

特権的《とっけんてき》な身分《みぶん》は許《ゆる》されない

日本国《こく》憲法《けんぽう》第《だい》14条《じょう》2項《こう》では、華族《かぞく》（大《だい》日本帝国《ていこく》憲法《けんぽう》の下《もと》でつくられた階級《かいきゅう》）や、貴族《きぞく》などの特権的《とっけんてき》な身分制度《みぶんせいど》は認《みと》められていません。

また、3項《こう》では、栄誉《えいよ》や勲章《くんしょう》を授《さず》かったからといって何《なに》か特権《とっけん》があるわけではないことが示《しめ》されています。

加《くわ》えて、国家《こっか》や社会《しゃかい》に功績《こうせき》があった人《ひと》に授《さず》けられる栄典《えいてん》（日本では、位階《いかい》・勲章《くんしょう》・褒章《ほうしょう》）を受《う》け取《と》った人《ひと》がいたとしても、それは子孫《しそん》にまで受《う》け継《つ》がれるものではなく、受《う》け取《と》った本人《ほんにん》だけに限《かぎ》られるとしています。

つまり、**特権《とっけん》が制度《せいど》として認《みと》められるような身分《みぶん》は、日本にはありません。**そのため、一部《いちぶ》の身分《みぶん》の人々《ひとびと》にとってのみ有利《ゆうり》な法律《ほうりつ》や制度《せいど》がつくられるということも起《お》こりません。

基本的人権《きほんてきじんけん》の一《ひと》つ、平等権《びょうどうけん》

日本国《こく》憲法《けんぽう》の三《みっ》つの基本原則《きほんげんそく》の一《ひと》つに「基本的人権《きほんてきじんけん》の尊重《そんちょう》」があります。

第《だい》14条《じょう》の1項《こう》では、基本的人権《きほんてきじんけん》の一《ひと》つである平等権《びょうどうけん》を認《みと》め、

「すべて国民《こくみん》は、法《ほう》の下《もと》に平等《びょうどう》であって、人種《じんしゅ》・信条《しんじょう》・性別《せいべつ》・社会的身分《しゃかいてきみぶん》又《また》は門地《もんち》により、政治的《せいじてき》、経済的《けいざいてき》又《また》は社会的関係《しゃかいてきかんけい》において、差別《さべつ》されない」

と定《さだ》めています。

同《おな》じように、2項《こう》・3項《こう》も、日本国《こく》憲法《けんぽう》がこの平等権《びょうどうけん》を、どのように考《かんが》えているかを表《あらわ》しています。

まとめ

ひとこと条文《じょうぶん》：第《だい》14条《じょう》2項《こう》・3項《こう》　貴族《きぞく》の禁止《きんし》、栄典《えいてん》

概要《がいよう》：貴族《きぞく》や華族《かぞく》などの身分制度《みぶんせいど》は認《みと》められない。栄誉《えいよ》や勲章《くんしょう》は受章《じゅしょう》した人《ひと》に限《かぎ》り、その効力《こうりょく》をもつ。

つながり：日本に特権的《とっけんてき》な身分《みぶん》はなく、偉人《いじん》の子孫《しそん》なども制度上《せいどじょう》は平等《びょうどう》である。

第《だい》18条《じょう》

国家《こっか》などが国民《こくみん》に対《たい》し、厳《きび》しい労働《ろうどう》を強制《きょうせい》できたら？

キーワード

- 徴兵制《ちょうへいせい》
- 身体《しんたい》の自由《じゆう》

奴隷《どれい》のような厳《きび》しい仕事《しごと》や、望《のぞ》まない労働《ろうどう》を強制《きょうせい》されることはない

罪《つみ》を犯《おか》した人《ひと》は、定《さだ》められた期間《きかん》を刑務所《けいむしょ》で過《す》ごしたり、刑務所内《けいむしょない》の作業所《さぎょうしょ》で労働《ろうどう》をさせられたりすることがあります。

これらは、罪《つみ》を犯《おか》した人《ひと》が自《みずか》ら望《のぞ》んでやっているわけではありませんが、犯《おか》した罪《つみ》に対《たい》する刑罰《けいばつ》として、また、罪《つみ》を犯《おか》した人《ひと》を更生《こうせい》させることを目的《もくてき》として行《おこな》われています。

日本国憲法第《にほんこくけんぽうだい》18条《じょう》では、そのような犯罪行為《はんざいこうい》をしていない人《ひと》が、**理由《りゆう》もなく身《み》がらを拘束《こうそく》され、奴隷《どれい》のような扱《あつか》いを受《う》けたり、自分《じぶん》の望《のぞ》んでいない苦《くる》しい労働《ろうどう》をさせられたりすることは禁止《きんし》**しています。

それはこのような行為《こうい》が、基本的人権《きほんてきじんけん》の一《ひと》つである自由権《じゆうけん》の「身体《しんたい》の自由《じゆう》（生命《せいめい》・身体《しんたい》の自由《じゆう》）」を侵害《しんがい》すると考《かんが》えられるからです。

兵隊《へいたい》として勤務《きんむ》させる「徴兵制《ちょうへいせい》」が可能《かのう》になる!?

では、日本国憲法第《にほんこくけんぽうだい》18条《じょう》の条文《じょうぶん》がないと、どのようなことが起《お》こるでしょうか。

国家《こっか》などの組織《そしき》は、罪《つみ》を犯《おか》していない人《ひと》でも、**その人《ひと》が望《のぞ》まない、大変《たいへん》でつらい労働《ろうどう》をさせることができるということになってしまいます。**

ある日《ひ》、突然《とつぜん》あなたの家《いえ》に役人《やくにん》が来《き》て、あなたに「明日《あした》からは遠《とお》い山奥《やまおく》で肉体労働《にくたいろうどう》をしろ」「来年《らいねん》からは、戦地《せんち》で兵隊《へいたい》として働《はたら》け」などの命令《めいれい》が言《い》い渡《わた》され、あなたがやりたいとは思《おも》っていないような苦《くる》しい仕事《しごと》をさせられる……ということが起《お》こるかもしれません。

あなたのものであるはずのあなたの身体《しんたい》が、あなた以《い》外《がい》の人《ひと》や組織《そしき》の思《おも》うとおりに動《うご》かされるということになってしまいます。

憲法《けんぽう》がないと…

国家《こっか》が、本人《ほんにん》が望《のぞ》まない労働《ろうどう》を強制《きょうせい》できる。

国《くに》から出兵《しゅっぺい》の命令《めいれい》が届《とど》いてしまった……
そ、そんな……
成人《せいじん》となったあなたは兵士《へいし》として出兵《しゅっぺい》すること

徴兵制《ちょうへいせい》が実現《じつげん》し、希望《きぼう》しない人《ひと》まで兵隊《へいたい》として勤務《きんむ》させられる可能性《かのうせい》があります。

憲《けん》法《ぽう》が
あれば…

本《ほん》人《にん》が望《のぞ》まない労《ろう》働《どう》を国《こっ》家《か》は強《きょう》制《せい》できない。

人《じん》員《いん》を補《ほ》充《じゅう》するために
20歳《さい》以《い》上《じょう》の男《だん》性《せい》の国《こく》民《みん》全《ぜん》員《いん》に
自《じ》衛《えい》隊《たい》に入《はい》ってもらおう！
憲《けん》法《ぽう》違《い》反《はん》なので
それはできません

【第《だい》18条《じょう》　奴《ど》隷《れい》的《てき》拘《こう》束《そく》及《およ》び苦《く》役《えき》からの自《じ》由《ゆう》】

強《きょう》制《せい》的《てき》に国《こく》民《みん》を兵《へい》隊《たい》として働《はたら》かせる徴《ちょう》兵《へい》制《せい》は、憲《けん》法《ぽう》違《い》反《はん》と解《かい》釈《しゃく》されています。

徴兵制《ちょうへいせい》を導入《どうにゅう》することはできない

日本国憲法《こくけんぽう》第《だい》18条《じょう》は、犯罪《はんざい》による処罰《しょばつ》の場合《ばあい》をのぞいては、意《い》に反《はん》する（＝本人《ほんにん》が望《のぞ》んでいない）苦役《くえき》につかせることはできないと定《さだ》めています。

この条文《じょうぶん》があることから、**日本では国家《こっか》などの組織《そしき》が、理由《りゆう》なく国民《こくみん》を捕《つか》まえて、本人《ほんにん》が望《のぞ》んでいない厳《きび》しい労働《ろうどう》をさせることは認《みと》められていません。**一定《いってい》の年齢《ねんれい》になった国民《こくみん》を兵隊《へいたい》として強制的《きょうせいてき》に働《はたら》かせる徴兵制《ちょうへいせい》は、「意《い》に反《はん》する苦役《くえき》」にあたるため、日本国憲法《こくけんぽう》に違反《いはん》すると解釈《かいしゃく》されています。

ただ、世界《せかい》の中《なか》には、さまざまな事情《じじょう》で徴兵制《ちょうへいせい》を取《と》り入《い》れている国《くに》もあります。

かつて日本でも、徴兵令《ちょうへいれい》が定《さだ》められ、徴兵制《ちょうへいせい》が実施《じっし》されていました。国民《こくみん》のうち、男性《だんせい》は20歳《さい》になると、強制的《きょうせいてき》に兵隊《へいたい》として軍隊《ぐんたい》に3年間勤務《ねんかんきんむ》しなくてはなりませんでした。

現在《げんざい》の日本には、徴兵制《ちょうへいせい》はありません。自衛隊《じえいたい》への入隊《にゅうたい》は志願制《しがんせい》となっており、本人《ほんにん》の意思《いし》で応募《おうぼ》します。応募者《おうぼしゃ》の中《なか》から自衛官《じえいかん》が採用《さいよう》されるため、自衛隊《じえいたい》の仕事《しごと》は本人《ほんにん》が望《のぞ》んでいない仕事《しごと》にはあたらず、憲法違反《けんぽういはん》にはならないとされています。

! 関連《かんれん》する条文《じょうぶん》…第《だい》34条《じょう》　抑留《よくりゅう》・拘禁《こうきん》の要件《ようけん》、不法拘禁《ふほうこうきん》に対《たい》する保障《ほしょう》

日本国憲法《こくけんぽう》第《だい》34条《じょう》では、正当《せいとう》な理由《りゆう》なしに、突然取《とつぜんと》り押《お》さえられてしまったり、留置場《りゅうちじょう》などで監禁《かんきん》されたりすることはないと定《さだ》められています。

この条文《じょうぶん》は第《だい》18条《じょう》と同《おな》じく、国民《こくみん》の自由権《じゆうけん》のうち、「身体《しんたい》の自由《じゆう》（生命《せいめい》・身体《しんたい》の自由《じゆう》）」に関《かか》わるものです。

自分《じぶん》のものである身体《しんたい》が、正当《せいとう》な理由《りゆう》なしに、国家《こっか》などの組織《そしき》の思《おも》うまま（捕《つか》まえられる、強制的《きょうせいてき》に望《のぞ》まない仕事《しごと》をさせられるなど）にされないという点《てん》で共通《きょうつう》しています。

まとめ

ひとこと条文《じょうぶん》：第《だい》18条《じょう》　奴隷的拘束及《どれいてきこうそくおよ》び苦役《くえき》からの自《じ》由《ゆう》

概要《がいよう》：国民《こくみん》はだれもが奴隷的《どれいてき》な扱《あつか》いを受《う》けない。また、望《のぞ》まない苦《くる》しい労働《ろうどう》を強制《きょうせい》されない。

つながり：国家《こっか》の命令《めいれい》で、自分《じぶん》の意思《いし》に反《はん》して、厳《きび》しい労働《ろうどう》などをさせられることはない。

第《だい》21条《じょう》

—1項《こう》—

集《あつ》まって意見《いけん》を言《い》い合《あ》う場《ば》がなくなると……

キーワード

● 集会《しゅうかい》の自由《じゆう》
● 表現《ひょうげん》の自由《じゆう》

あなたの考《かんが》えを大勢《おおぜい》に広《ひろ》めることは禁止《きんし》です

学校《がっこう》の校則《こうそく》について「着《き》ていく服《ふく》は自由《じゆう》にしたい」「髪色《かみいろ》が自由《じゆう》な校則《こうそく》に変《か》えてほしい」などの不満《ふまん》を感《かん》じたことはありませんか。自分《じぶん》の意見《いけん》を通《とお》す方法《ほうほう》として、**同《おな》じ不満《ふまん》をもつ人《ひと》を集《あつ》めて、先生《せんせい》に交渉《こうしょう》する**という手《て》があります。

あなたは、自分《じぶん》の意見《いけん》に賛成《さんせい》してくれる仲間《なかま》を増《ふ》やすために、放課後《ほうかご》に友《とも》だちを集《あつ》めたとしましょう。

しかし、集《あつ》まっているところを先生《せんせい》に見《み》つかり、「校則《こうそく》への不満《ふまん》をみんなに聞《き》かせるなんて、なんて悪《わる》いことをしているのですか。集会《しゅうかい》は禁止《きんし》です。また集会《しゅうかい》を開《ひら》いているところを見《み》つけたら、あなたの親《おや》を呼《よ》び出《だ》して面談《めんだん》をします」と言《い》われてしまいました。あなたは意見《いけん》を言《い》う場《ば》を失《うしな》い、仲間《なかま》を集《あつ》めることができなくなってしまいました。

弱《よわ》い立場《たちば》の人《ひと》は意見《いけん》を言《い》える場《ば》がないの？

大人《おとな》になっても、社会《しゃかい》のルールに対《たい》して不満《ふまん》が出《で》てくることもあるでしょう。例《たと》えば、ある国《くに》の政府《せいふ》が戦争《せんそう》を始《はじ》めようとしていたとします。国民《こくみん》の多《おお》くが戦争《せんそう》に反対《はんたい》だと考《かんが》えていても、一人《ひとり》では政府《せいふ》に抵抗《ていこう》できません。

そこで、戦争《せんそう》に反対《はんたい》だと考《かんが》えている人《ひと》を多《おお》く集《あつ》めて、「戦争反対《せんそうはんたい》！」「国民《こくみん》の命《いのち》を危険《きけん》にさらすな！」といった声《こえ》を上《あ》げ、戦争《せんそう》に反対《はんたい》すれば、本来《ほんらい》、強《つよ》い立場《たちば》である政府《せいふ》もさすがに手《て》を焼《や》いてしまいます。

そこで政府《せいふ》は、**「このような意見《いけん》の人《ひと》が集《あつ》まれば、クーデターを起《お》こすかもしれない」と考《かんが》え、集会《しゅうかい》やデモを禁止《きんし》し、見《み》つけた場合《ばあい》は逮捕《たいほ》する**ことにしました。

集会《しゅうかい》やデモは、立場《たちば》の弱《よわ》い人《ひと》が自分《じぶん》たちの意見《いけん》を世《よ》の中《なか》に広《ひろ》げる方法《ほうほう》の一《ひと》つです。それが禁止《きんし》されてしまうと、**権力《けんりょく》が強《つよ》い人《ひと》の意見《いけん》しか通《とお》らない社会《しゃかい》**になります。

憲法《けんぽう》がないと…

立場《たちば》の弱《よわ》い人《ひと》が話《はな》し合《あ》いや集《あつ》まる場所《ばしょ》を失《うしな》う。

集《あつ》まって何《なに》か
たくらんでるな？
集会《しゅうかい》は禁止《きんし》されている！
逮捕《たいほ》だ！
え!?

弱《よわ》い立場《たちば》の人《ひと》が意見《いけん》を言《い》えず、特定《とくてい》の人《ひと》の意見《いけん》しか反映《はんえい》されなくなるということが問題《もんだい》です。もしも、政府《せいふ》が戦争《せんそう》をすることを決《き》めたら、私《わたし》たちは嫌《いや》でも戦争《せんそう》に参加《さんか》しなければなりません。

憲法《けんぽう》があれば…

大勢《おおぜい》の人《ひと》と集《あつ》まって、自分《じぶん》たちの意見《いけん》を言《い》える！

【第《だい》21条《じょう》1項《こう》　集会《しゅうかい》および表現《ひょうげん》の自由《じゆう》】

人々《ひとびと》が集《あつ》まって政府《せいふ》の決定《けってい》に反対《はんたい》意見《いけん》を唱《とな》えることができます。このような国民《こくみん》の行動《こうどう》は、少《すく》なからず政治《せいじ》に影響《えいきょう》をおよぼしています。

集会《しゅうかい》やデモは、原則《げんそく》許《ゆる》される

30ページのようなことにならないよう、日本国憲法《こくけんぽう》では「第《だい》21条《じょう》1項《こう》　集会《しゅうかい》および表現《ひょうげん》の自由《じゆう》」が保障《ほしょう》されています。

集会《しゅうかい》の自由《じゆう》は表現《ひょうげん》の自由《じゆう》の一《ひと》つとして理解《りかい》されており、ある特定《とくてい》の課題《かだい》に対《たい》して一《ひと》つの意見《いけん》に賛成《さんせい》する人《ひと》たちが、政府《せいふ》などの制限《せいげん》を受《う》けずに集《あつ》まれたり、動《うご》く公共集会《こうきょうしゅうかい》としてデモ行進《こうしん》などを行《おこな》えたりします。

日本の政治《せいじ》は

「みんなのことは、みんなで決《き》める」

という民主主義《みんしゅしゅぎ》の考《かんが》え方《かた》で成《な》り立《た》っています。集会《しゅうかい》の自《じ》由《ゆう》は、**個人《こじん》の考《かんが》えや意見《いけん》を交流《こうりゅう》させ、話《はな》し合《あ》い、特定《とくてい》の考《かんが》えの賛同者《さんどうしゃ》の意思表示《いしひょうじ》を確保《かくほ》するための重要《じゅうよう》な権利《けんり》の一《ひと》つ**です。

近年《きんねん》、憲法《けんぽう》の改正《かいせい》について国会《こっかい》で議論《ぎろん》が行《おこな》われており、その影響《えいきょう》か、各地《かくち》で集会《しゅうかい》が開《ひら》かれ、

「憲法《けんぽう》を無視《むし》している！」

「第《だい》○条《じょう》の改正《かいせい》は絶対《ぜったい》に止《と》めないといけない」

などの反対派《はんたいは》の意見《いけん》が呼《よ》びかけられています。

国民《こくみん》は直接政策《ちょくせつせいさく》などを決定《けってい》できないからこそ、このような表現《ひょうげん》の自由《じゆう》によって、国会議員《こっかいぎいん》に意見《いけん》を反映《はんえい》してもらうのです。

集会《しゅうかい》の自由《じゆう》は個人《こじん》がもつ重要《じゅうよう》な権利《けんり》である一方《いっぽう》で、一《いっ》定《てい》の制限《せいげん》を受《う》けることがあります。例《たと》えば、感染症流行《かんせんしょうりゅうこう》時《じ》には集会《しゅうかい》の禁止《きんし》あるいは人数制限《にんずうせいげん》がされたり、デモ行《こう》進《しん》をするときにはその場所《ばしょ》を管轄《かんかつ》する警察署長《けいさつしょちょう》に道路《どうろ》の使用許可《しようきょか》を受《う》ける必要《ひつよう》がある場合《ばあい》があります。これは「公共《こうきょう》の福祉《ふくし》（2巻《かん》11ページ）」を理由《りゆう》としており、他人《たにん》の生活《せいかつ》や権利《けんり》を守《まも》るため、このような制限《せいげん》を受《う》けることがあるのです。

集会《しゅうかい》やデモ行進《こうしん》の自由《じゆう》は強《つよ》く保護《ほご》され、公権力側《こうけんりょくがわ》は集《しゅう》会《かい》やデモを許可《きょか》しなければならないというのが原則《げんそく》です。集会《しゅうかい》やデモ行進《こうしん》を禁止《きんし》できるのは、よほどの事情《じじょう》があるときだけだということを覚《おぼ》えておいてくださいね。

まとめ

ひとこと条文《じょうぶん》：第《だい》21条《じょう》1項《こう》　集会《しゅうかい》および表現《ひょうげん》の自由《じゆう》

概要《がいよう》：同《おな》じ意見《いけん》をもつ人《ひと》どうしが、だれの制限《せいげん》も受《う》けずに集《あつ》まることができる。

つながり：一人《ひとり》の意見《いけん》では通《とお》らないことも、大勢《おおぜい》の意《い》見《けん》であれば通《とお》りやすくなる。

第《だい》66条《じょう》
—2項《こう》—

軍人《ぐんじん》が内閣総理大臣《ないかくそうりだいじん》や国務《こくむ》大臣《だいじん》などの役職《やくしょく》に就《つ》けたら？

キーワード

- 文民統制《ぶんみんとうせい》（シビリアン・コントロール）

軍事力《ぐんじりょく》のコントロール

あなたの家《いえ》に武器《ぶき》をもった軍人《ぐんじん》がきて、「今《いま》すぐ家《いえ》を出《で》ていけ」と言《い》われたら、どうしますか？　自分《じぶん》たちが悪《わる》くないと思《おも》っていても、武器《ぶき》をもっている軍人《ぐんじん》を見《み》たら、こわくて言《い》われたとおりにしてしまいそうです。

同《おな》じように軍人《ぐんじん》が、政治家《せいじか》に「私《わたし》たちの言《い》うことを聞《き》かないと、部隊《ぶたい》が暴《あば》れますよ」と言《い》えば、政治家《せいじか》もすくみあがるでしょう。

銃《じゅう》や大砲《たいほう》などの兵器《へいき》をもっている軍人《ぐんじん》は、それだけで強《つよ》い力《ちから》をもっており、その力《ちから》の使《つか》い方《かた》を誤《あやま》ると、大変《たいへん》なことになってしまいます。

そのため、**軍事力《ぐんじりょく》は適切《てきせつ》なかたちで、民主的《みんしゅてき》にコントロールされる必要《ひつよう》があります。**日本では軍事的《ぐんじてき》な実力《じつりょく》をもつ自衛隊《じえいたい》は、政治《せいじ》の実権《じっけん》をにぎることはできません（ただし自衛隊《じえいたい》の隊員《たいいん》にも選挙《せんきょ》での投票権《とうひょうけん》はあります）。

そして、自衛隊《じえいたい》の隊員《たいいん》は、実際《じっさい》に政治《せいじ》を動《うご》かすことができる内閣総理《ないかくそうり》大臣《だいじん》や国務《こくむ》大臣《だいじん》などの役職《やくしょく》に就《つ》くこともできません。

自衛隊《じえいたい》のメンバーが政治《せいじ》を動《うご》かせるようになる？

現役《げんえき》の自衛隊《じえいたい》の隊員《たいいん》や自衛隊《じえいたい》の指揮官《しきかん》などが、内閣総《ないかくそう》理《り》大臣《だいじん》や国務《こくむ》大臣《だいじん》といった、国《くに》の政治《せいじ》を左右《さゆう》する役職《やくしょく》に就《つ》くことができると、何《なに》が起《お》きるでしょうか？

自衛隊《じえいたい》は、戦前《せんぜん》の軍隊《ぐんたい》とは異《こと》なり、平和《へいわ》主義《しゅぎ》のもとで日本の独立《どくりつ》と平和《へいわ》を守《まも》るための組織《そしき》とはいえ、武器《ぶき》や戦《せん》車《しゃ》などの軍事力《ぐんじりょく》をもっていることはまちがいありません。自衛隊《じえいたい》に所属《しょぞく》している人《ひと》が、政治《せいじ》の実権《じっけん》をにぎると、自《じ》衛隊《えいたい》にとって都合《つごう》のよいような政策《せいさく》が実施《じっし》される可能性《かのうせい》が高《たか》くなります。また、自衛隊《じえいたい》にとって都合《つごう》のよいときに、部隊《ぶたい》を動《うご》かす指示《しじ》や決定《けってい》ができてしまいます。

このようなことが進行《しんこう》すると、政治《せいじ》と軍事《ぐんじ》の結《むす》びつきが深《ふか》まってしまいます。

憲法《けんぽう》がないと…

軍事的《ぐんじてき》な力《ちから》をもつ組織《そしき》が都合《つごう》のよい政治《せいじ》を行《おこな》う。

戦争《せんそう》を始《はじ》めるぞ！
出兵《しゅっぺい》だ！

政治《せいじ》と軍事《ぐんじ》の結《むす》びつきが深《ふか》まっていくことが問題《もんだい》です。戦《せん》争《そう》の開始《かいし》が簡単《かんたん》になるかもしれません。

憲法《けんぽう》があれば…

文民《ぶんみん》でないと政治《せいじ》の実《じっ》権《けん》をもつ役職《やくしょく》になれない。

増員《ぞういん》は急《いそ》いだほうがよい！
いや、増員《ぞういん》は慎重《しんちょう》にやるべきだ

【第《だい》66条《じょう》2項《こう》　内閣《ないかく》の組織《そしき》、文民規定《ぶんみんきてい》】

軍人《ぐんじん》ではない政治家《せいじか》が、軍事的《ぐんじてき》な組織《そしき》の影響《えいきょう》を受《う》けずに、民主的《みんしゅてき》な政治《せいじ》を行《おこな》うことができます。

文民《ぶんみん》が自衛隊《じえいたい》を民主的《みんしゅてき》にコントロールできる

第二次世界大戦前《だいにじせかいたいせんまえ》は、陸軍《りくぐん》や海軍《かいぐん》の人物《じんぶつ》が内閣総理大臣《ないかくそうりだいじん》など政治《せいじ》の大事《だいじ》な役職《やくしょく》に就任《しゅうにん》することがありました。

その結果《けっか》、軍部《ぐんぶ》の発言力《はつげんりょく》が強《つよ》くなり、政治家《せいじか》は軍人《ぐんじん》の意見《いけん》を聞《き》かざるを得《え》ない状況《じょうきょう》となりました。大《だい》日本帝国《ていこく》憲法下《けんぽうか》において、制度上《せいどじょう》、軍隊《ぐんたい》は天皇《てんのう》に直属《ちょくぞく》しており、政府《せいふ》は軍隊《ぐんたい》をコントロールできませんでした。

このことは、日本が第二次世界大戦《だいにじせかいたいせん》に突入《とつにゅう》した理由《りゆう》の一《ひと》つになりました。

日本国《こく》憲法《けんぽう》では、その反省《はんせい》をふまえて、第《だい》66条《じょう》2項《こう》で、

「内閣総理大臣《ないかくそうりだいじん》その他《た》の国務大臣《こくむだいじん》は、文民《ぶんみん》でなければならない」

と定《さだ》めています。

内閣総理大臣《ないかくそうりだいじん》や国務大臣《こくむだいじん》など、**国《くに》の政治《せいじ》を左右《さゆう》するような大事《だいじ》な役職《やくしょく》には、文民《ぶんみん》、すなわち職業軍人《しょくぎょうぐんじん》ではない人《ひと》しか就任《しゅうにん》できません。**

これによって、自衛隊《じえいたい》とは直接関係《ちょくせつかんけい》のない立場《たちば》の人《ひと》によって、民主的《みんしゅてき》に自衛隊《じえいたい》をコントロールすることができるのです。

「もっと武器《ぶき》や自衛隊員《じえいたいいん》を増《ふ》やしてほしい」

といった要望《ようぼう》が自衛隊《じえいたい》から上《あ》がっても、本当《ほんとう》に必要《ひつよう》かを調《しら》べ、審議《しんぎ》した上《うえ》で決定《けってい》します。

また、自衛隊《じえいたい》が出動《しゅつどう》する際《さい》にも、本当《ほんとう》に自衛隊《じえいたい》を動《うご》かす必要《ひつよう》があるのかを、軍人《ぐんじん》ではない視点《してん》で慎重《しんちょう》に判断《はんだん》することができます。

このように、軍《ぐん》の指揮《しき》・統制《とうせい》について最終的《さいしゅうてき》な決定《けってい》を行《おこな》うのは、文民《ぶんみん》である内閣総理大臣《ないかくそうりだいじん》・防衛大臣《ぼうえいだいじん》であり、国民《こくみん》の代表《だいひょう》である国会議員《こっかいぎいん》が、関係《かんけい》する法律《ほうりつ》や予算《よさん》などを決《き》めます。

これを文民統制《ぶんみんとうせい》（シビリアン・コントロール）といいます。

まとめ

ひとこと条文《じょうぶん》：第《だい》66条《じょう》2項《こう》　内閣《ないかく》の組織《そしき》、文民規定《ぶんみんきてい》

概要《がいよう》：内閣総理大臣《ないかくそうりだいじん》や国務大臣《こくむだいじん》は軍人《ぐんじん》ではなく、文民《ぶんみん》でなければならない。

つながり：軍人《ぐんじん》ではない政治家《せいじか》の視点《してん》で軍事《ぐんじ》や防衛《ぼうえい》だけではなく、国民全体《こくみんぜんたい》のことを考《かんが》えた政治《せいじ》が行《おこな》われる。

第《だい》76条《じょう》

―2項《こう》―

みんなとは違《ちが》う、特《とく》別《べつ》ルールによって裁《さば》くことができたら？

キーワード

- 特別裁判所《とくべつさいばんしょ》の禁止《きんし》
- 法《ほう》の下《もと》の平等《びょうどう》
- 司法権《しほうけん》

自分《じぶん》だけの特別《とくべつ》ルールなんて、あり？

罪《つみ》を犯《おか》したら警察《けいさつ》に逮捕《たいほ》される。これはだれもが知《し》っている共通《きょうつう》のルールです。しかし、罪《つみ》を犯《おか》した人《ひと》の中《なか》には、逮捕《たいほ》されたくないと思《おも》う人《ひと》もいるでしょう。

Aさんのお父《とう》さんは、ある地区《ちく》の区長《くちょう》をしています。お父《とう》さんはその区《く》の中《なか》で最《もっと》もえらい立場《たちば》にあるため、だれも逆《さか》らえません。そんな父《ちち》の影響《えいきょう》でAさんは少《すこ》しわがままに育《そだ》ってしまいました。

ある日《ひ》、Aさんはお店《みせ》の売《う》り物《もの》のおもちゃを盗《ぬす》んでしまいました。もちろんお店《みせ》の人《ひと》はカンカンに怒《おこ》っています。Aさんは区長《くちょう》である父《ちち》に頼《たの》んで、お金《かね》を払《はら》う代《か》わりに警察《けいさつ》や学校《がっこう》には言《い》わないことを約束《やくそく》させました。

もし、Aさん以外《いがい》の子《こ》どもが同《おな》じ盗《ぬす》みをしていたらどうだったでしょう。えらいお父《とう》さんをもつAさんだけ、違《ちが》う対応《たいおう》がされるなんて不公平《ふこうへい》ではありませんか？

不祥事《ふしょうじ》は秘密《ひみつ》にすれば問題《もんだい》なし？

似《に》たような話《はなし》で、もし軍隊《ぐんたい》の中《なか》に「軍法会議《ぐんぽうかいぎ》」という、一般《いっぱん》の法律《ほうりつ》が適用《てきよう》されない特別《とくべつ》な裁判所《さいばんしょ》があったら、こんなことになるかもしれません。

軍人《ぐんじん》のBさんは、上官《じょうかん》の暴力《ぼうりょく》に悩《なや》まされていました。ある日《ひ》、暴力《ぼうりょく》の現場《げんば》が他《ほか》の人《ひと》に見《み》られたことで暴力《ぼうりょく》が軍《ぐん》隊内部《たいないぶ》で明《あか》るみになりました。

しかし、軍隊《ぐんたい》の上層部《じょうそうぶ》は、組織内《そしきない》の暴力《ぼうりょく》が世間《せけん》にばれてしまえば組織《そしき》の信用《しんよう》を失《うしな》うことになると考《かんが》え、非公開《ひこうかい》の軍法会議《ぐんぽうかいぎ》で上官《じょうかん》の暴力《ぼうりょく》をもみ消《け》したのです。

このように、**一般《いっぱん》と異《こと》なる裁判所《さいばんしょ》を設置《せっち》することで、国民《こくみん》みんなに適用《てきよう》される法律《ほうりつ》とは異《こと》なったルールで裁《さば》かれることになり、不平等《ふびょうどう》が生《う》まれてしまいます。**

憲法《けんぽう》がないと…

刑罰《けいばつ》の重《おも》さが異《こと》なったり、見過《みす》ごされたりする。

このことは内緒《ないしょ》だぞ……
軍《ぐん》の会議《かいぎ》のルールで裁《さば》かれて得《とく》をしたよ……

一般《いっぱん》の法律《ほうりつ》とは違《ちが》ったルールで、処理《しょり》されていることが問《もん》題《だい》です。また、組織《そしき》の中《なか》で内々《うちうち》に処理《しょり》できると、きちんと取《と》り調《しら》べが行《おこな》われない可能性《かのうせい》もあり、被疑者《ひぎしゃ》（被害者《ひがいしゃ》）の人権侵害《じんけんしんがい》になります。

憲法《けんぽう》が
あれば…

裁判《さいばん》はすべて公開《こうかい》され、法律《ほうりつ》に基《もと》づいて裁《さば》かれる！

公開《こうかい》された裁判《さいばん》で
法律《ほうりつ》に基《もと》づいて
判決《はんけつ》を下《くだ》します

【第《だい》76条《じょう》2項《こう》　特別裁判所《とくべつさいばんしょ》の禁止《きんし》】

司法権《しほうけん》をもつすべての裁判所《さいばんしょ》は、法律《ほうりつ》に基《もと》づいて判決《はんけつ》を下《くだ》すように定《さだ》められています。そのため、どんな人《ひと》でも特別《とくべつ》ルールは適用《てきよう》されず、一般《いっぱん》の裁判所《さいばんしょ》で公《おおやけ》に裁《さば》かれます。

法《ほう》の下《もと》の平等《びょうどう》によって、いかなる特別《とくべつ》裁《さい》判《ばん》所《しょ》も設置《せっち》はできない

日本国憲法《こくけんぽう》では「第《だい》76条《じょう》2項《こう》　特別裁判所《とくべつさいばんしょ》の禁止《きんし》」を定《さだ》めています。

特別裁判所《とくべつさいばんしょ》は38ページの軍法会議《ぐんぽうかいぎ》のように、通常《つうじょう》の裁《さい》判所《ばんしょ》の司法権《しほうけん》からは独立《どくりつ》した機関《きかん》になるため、一般《いっぱん》の裁《さい》判所《ばんしょ》とは違《ちが》ったルール（法律《ほうりつ》）で裁《さば》くことができます。明治時代《めいじじだい》に発布《はっぷ》された大《だい》日本帝国憲法《ていこくけんぽう》では、特別裁判所《とくべつさいばんしょ》（行政裁判所《ぎょうせいさいばんしょ》・軍事法廷《ぐんじほうてい》・皇室裁判所《こうしつさいばんしょ》）の設置《せっち》が認《みと》められていました。

しかし、**現在《げんざい》の日本国憲法《こくけんぽう》はすべての人《ひと》に等《ひと》しく法律《ほうりつ》を適用《てきよう》するという「法《ほう》の下《もと》の平等《びょうどう》」をうたっているため、それに反《はん》する特別裁判所《とくべつさいばんしょ》は禁止《きんし》**されているのです。

また、特別裁判所《とくべつさいばんしょ》は一般《いっぱん》の裁判所《さいばんしょ》とは異《こと》なる司法《しほう》が適《てき》用《よう》されることから、法律《ほうりつ》の解釈《かいしゃく》をゆがめることにつながるという理由《りゆう》でも禁止《きんし》されています。

特別裁判所《とくべつさいばんしょ》は他《ほか》の裁判所《さいばんしょ》と司法系列《しほうけいれつ》（法律《ほうりつ》などのルール）も異《こと》なります。そのため、判決《はんけつ》に不満《ふまん》をもっても再《ふたた》び争《あらそ》うことができません。しかし、日本国憲法《こくけんぽう》の裁判制《さいばんせい》度《ど》では三回《さんかい》まで裁判《さいばん》を受《う》けられるようになっており（三《さん》審制《しんせい》）、第《だい》1審《しん》、第《だい》2審《しん》の判決《はんけつ》などに納得《なっとく》できなかったら、さらに上級《じょうきゅう》の裁判所《さいばんしょ》に不服申《ふふくもう》し立《た》て（控訴《こうそ》・上告《じょうこく》）を行《おこな》うことができます。38ページのような軍法会議《ぐんぽうかいぎ》の決《けっ》定《てい》は一般《いっぱん》の裁判所《さいばんしょ》ならあり得《え》ませんが、もしそのような判決《はんけつ》が出《だ》された場合《ばあい》でも、不服申《ふふくもう》し立《た》てを行《おこな》うことで正《せい》当《とう》で公平《こうへい》な裁判《さいばん》を再度《さいど》受《う》けることができるのです。

日本において、守《まも》るべき法律《ほうりつ》や罪《つみ》の刑罰《けいばつ》はみんな共通《きょうつう》です。そのため、**たとえ罪《つみ》を犯《おか》したのが軍人《ぐんじん》や政治家《せいじか》であろうとも、特別《とくべつ》なルールが適用《てきよう》されたり、内々《うちうち》で処理《しょり》されたりすることはあってはなりません。**

なぜなら、人《ひと》はみんな平等《びょうどう》だからです。

まとめ

ひとこと条文《じょうぶん》：第《だい》76条《じょう》2項《こう》　特別裁判所《とくべつさいばんしょ》の設置《せっち》

概要《がいよう》：どんな特別裁判所《とくべつさいばんしょ》も設置《せっち》することはできず、だれもが通常《つうじょう》の法律《ほうりつ》で裁《さば》かれる。

つながり：平等《びょうどう》な社会《しゃかい》の実現《じつげん》において、みんな同《おな》じ法《ほう》律《りつ》（ルール）が適用《てきよう》される。

第《だい》83条《じょう》

みんなのお金《かね》を自《じ》由《ゆう》に使《つか》えたら？

キーワード

財政《ざいせい》

国会《こっかい》の議決《ぎけつ》

クラスの都合《つごう》で学校《がっこう》の予算《よさん》をたくさん使《つか》ってもいいの？

学校《がっこう》では季節《きせつ》によって、さまざまな行事《ぎょうじ》を行《おこな》っています。学校《がっこう》によっては文化祭《ぶんかさい》でたくさんの模擬店《もぎてん》が出《だ》されたり、体育館《たいいくかん》でダンスや演劇《えんげき》などが行《おこな》われたりして、大《おお》いににぎわいます。

Aさんのクラスは文化祭《ぶんかさい》でおばけ屋敷《やしき》をすることになりました。他《ほか》のクラスよりもいいものにしようと、大道《おおどう》具《ぐ》や衣装《いしょう》、部屋《へや》の飾《かざ》りなどをこだわって準備《じゅんび》していたため、他《ほか》のクラスよりも5万円《まんえん》も予算《よさん》が高《たか》くなってしまいました。そこでAさんたちは

「学校《がっこう》の文化祭《ぶんかさい》の予算《よさん》の余《あま》りをうちに回《まわ》してもらおう」

と言《い》って、学校《がっこう》の予算《よさん》を勝手《かって》に使《つか》うことにしました。

文化祭《ぶんかさい》の準備《じゅんび》でがんばっているのはAさんたちだけではありません。なのに、他《ほか》のクラスの許《ゆる》しを得《え》ず、Aさんたちだけが勝手《かって》に予算《よさん》を使《つか》ってもいいのでしょうか？

国《くに》のために使《つか》っているんだからいいでしょ？

Aさんのクラスと同《おな》じように、国《くに》がみんなのお金《かね》を勝《かっ》手《て》に使《つか》うのがあたりまえだったら、こんなことが起《お》こるかもしれません。

ある国《くに》が防衛《ぼうえい》のための組織《そしき》として軍隊《ぐんたい》をもっているとします。軍人《ぐんじん》たちが防衛《ぼうえい》のためと言《い》って税金《ぜいきん》を使《つか》って最《さい》新型《しんがた》の戦闘《せんとう》機《き》を外国《がいこく》からたくさん買《か》うことにしました。

しかし、今《いま》ある予算《よさん》をすべて使《つか》っても予定《よてい》の数量《すうりょう》の最《さい》新型《しんがた》の戦闘《せんとう》機《き》を購入《こうにゅう》するのは難《むずか》しかったため、軍隊《ぐんたい》は戦《せん》闘機《とうき》の費用《ひよう》を集《あつ》めるための新《あら》たな税《ぜい》を設定《せってい》し、国民《こくみん》から徴収《ちょうしゅう》することにしました。

このように、国《くに》のお金《かね》を「国《くに》のため」と言《い》って、それぞれの組織《そしき》や個人《こじん》の都合《つごう》で使《つか》えたら、**国《くに》が本当《ほんとう》に国民《こくみん》のために使《つか》うお金《かね》が減《へ》ってしまうだけでなく、国民《こくみん》が支払《しはら》う税金《ぜいきん》はどんどん増《ふ》える世《よ》の中《なか》になってしまう**でしょう。

憲法《けんぽう》がないと…

国《くに》のお金《かね》が一部《いちぶ》の人《ひと》に都《つ》合《ごう》のよいように使《つか》われる。

最新型《さいしんがた》の戦闘機《せんとうき》を買《か》うから
国民《こくみん》から戦闘機税《せんとうきぜい》をとろう
賛成《さんせい》です

国《くに》のお金《かね》の使《つか》いみちや新《あら》たに税金《ぜいきん》を設定《せってい》して徴収《ちょうしゅう》することについて、どちらも国民《こくみん》の意思《いし》に関係《かんけい》なく、それぞれの組《そ》織《しき》や個人《こじん》の都合《つごう》で勝手《かって》に決《き》めてしまうことが問題《もんだい》です。

憲法《けんぽう》があれば…

国《くに》のお金《かね》の使《つか》いみちや税《ぜい》は国民《こくみん》の代表《だいひょう》たちが決《き》める！

【第《だい》83条《じょう》　財政処理《ざいせいしょり》の基本原則《きほんげんそく》】

国民《こくみん》が選《えら》んだ代表《だいひょう》たち（国会議員《こっかいぎいん》）が話《はな》し合《あ》って国《くに》のお金《かね》の使《つか》いみちについて決《き》めます。したがって、国会議員《こっかいぎいん》でない軍人《ぐんじん》などが勝手《かって》に防衛予算《ぼうえいよさん》を決《き》めることはできません。

国会《こっかい》の議決《ぎけつ》を通《とお》してからでないと国《くに》のお金《かね》は使《つか》えません！

42ページのようなことにならないように、日本国《こく》憲法《けんぽう》では、「第《だい》83条《じょう》　財政処理《ざいせいしょり》の基本原則《きほんげんそく》」で、国《くに》のお金《かね》を扱《あつか》う権限《けんげん》は国会《こっかい》の議決《ぎけつ》に基《もと》づくことを定《さだ》めています。

民主主義《みんしゅしゅぎ》をとっている日本では、当然《とうぜん》、国《くに》のお金《かね》は国《こく》民《みん》の意思《いし》に基《もと》づいて、国民《こくみん》の利益《りえき》となるように活用《かつよう》されなければなりません。そのため、**国民《こくみん》によって選《えら》ばれた国《くに》の代表《だいひょう》たち、つまり国会議員《こっかいぎいん》によって国《くに》のお金《かね》をどう扱《あつか》うのかが決《き》められます。**

したがって、42ページのように軍隊《ぐんたい》が勝手《かって》に国《くに》のお金《かね》を使《つか》って戦闘機《せんとうき》を買《か》うことはできません。また、そのお金《かね》を集《あつ》めるために、勝手《かって》に新《あら》たな税《ぜい》をつくって国民《こくみん》から徴収《ちょうしゅう》することもできません。

私《わたし》たち国民《こくみん》から集《あつ》めた税金《ぜいきん》の使《つか》いみちを決《き》めることは大切《たいせつ》なことです。そのため、予算案《よさんあん》が決定《けってい》するまでには長《なが》い時間《じかん》がかかります。

まず、国《くに》の行政《ぎょうせい》を行《おこな》う機関《きかん》（各省庁《かくしょうちょう》）が1年間《ねんかん》に必要《ひつよう》な金額《きんがく》を計算《けいさん》し、その結果《けっか》を財務省《ざいむしょう》に提出《ていしゅつ》します。財務省《ざいむしょう》は、提出《ていしゅつ》された金額《きんがく》や内容《ないよう》を調《しら》べ、内閣《ないかく》に報告《ほうこく》します。

内閣《ないかく》は、受《う》け取《と》った報告書《ほうこくしょ》をもとに1年間《ねんかん》の予算案《よさんあん》を作成《さくせい》します。

そして、その予算案《よさんあん》を1月《がつ》から行《おこな》われる国会《こっかい》で話《はな》し合《あ》い、1年間《ねんかん》に何《なに》にどれだけのお金《かね》を使《つか》うか、またどのくらいのお金《かね》を徴収《ちょうしゅう》するのかを決定《けってい》するのです。

42ページのように、軍隊《ぐんたい》が国《くに》のお金《かね》を勝手《かって》に使《つか》うことができたり、国民《こくみん》から新《あら》たな税《ぜい》を徴収《ちょうしゅう》できたりする世《よ》の中《なか》になると、軍《ぐん》に権力《けんりょく》が集《あつ》まり、軍《ぐん》に都合《つごう》のよい政治《せいじ》が行《おこな》われかねません。

軍《ぐん》の人間《にんげん》ではない、国民《こくみん》の代表《だいひょう》である国会議員《こっかいぎいん》の議決《ぎけつ》に基《もと》づいてしか財政《ざいせい》の処理《しょり》ができないことは、第二次世《だいにじせ》界大戦《かいたいせん》のときのような軍部《ぐんぶ》の暴走《ぼうそう》に発展《はってん》しないことにつながっているのです。

まとめ

ひとこと条文《じょうぶん》：第《だい》83条《じょう》　財政処理《ざいせいしょり》の基本原則《きほんげんそく》

概要《がいよう》：国《くに》の財政《ざいせい》を処理《しょり》するには、国会《こっかい》の議決《ぎけつ》が必要《ひつよう》である。

つながり：国《くに》のお金《かね》は、おもに私《わたし》たちが健康《けんこう》で豊《ゆた》かな生活《せいかつ》を送《おく》るための支援《しえん》に使《つか》われている。

コラム

沖《おき》縄《なわ》の基《き》地《ち》問《もん》題《だい》って何《なん》だろう？

沖縄《おきなわ》に米軍施設《べいぐんしせつ》が集中《しゅうちゅう》しているのは、不公平《ふこうへい》じゃない？

そもそも、日本にある米軍基地《べいぐんきち》を減《へ》らすことはできないの？

日本の安全保障《あんぜんほしょう》の観点《かんてん》からみれば、米軍基地《べいぐんきち》にも必要性《ひつようせい》があると思《おも》うよ。

今回《こんかい》は、沖縄《おきなわ》の基地問題《きちもんだい》についてくわしくやろうか。まず次《つぎ》のグラフを見《み》てごらん。

全体《ぜんたい》の約《やく》70％を沖縄県《おきなわけん》が占《し》めていますね。

うん。沖縄県《おきなわけん》の面積《めんせき》は日本全体《ぜんたい》の約《やく》0・6％だから、かなり狭《せま》い土地《とち》に集中《しゅうちゅう》していることになる。

これは沖縄《おきなわ》に米軍施設《べいぐんしせつ》が集中《しゅうちゅう》しすぎている気《き》がします。何《なに》か理由《りゆう》があるんでしょうか？

そうだね。では、まず沖《おき》縄《なわ》の歴史《れきし》を振《ふ》り返《かえ》ってみよう。次《つぎ》に年表《ねんぴょう》を用意《ようい》したよ。

在日米軍施設《ざいにちべいぐんしせつ》・区域《くいき》（専用施設《せんようしせつ》）面積《めんせき》（2021年《ねん》3月《がつ》31日現在《にちげんざい》）

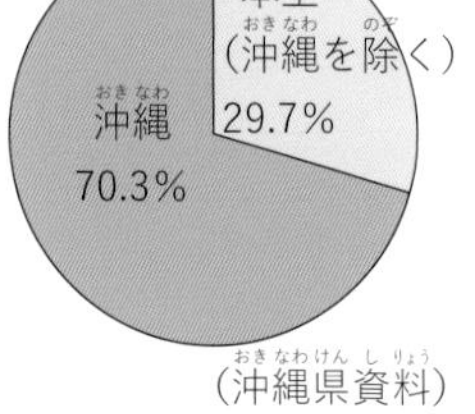

（沖縄県資料《おきなわけんしりょう》）

年《ねん》.月《つき》	できごと
1945.3	沖縄戦《おきなわせん》（～45.6）
1952.4	サンフランシスコ平和条約発効《へいわじょうやくはっこう》 →沖縄《おきなわ》は米軍施政下《べいぐんしせいか》に
1953.4	米軍《べいぐん》による強制的土地収用《きょうせいてきとちしゅうよう》がはじまる
1972.5	沖縄《おきなわ》の日本復帰《ふっき》、沖縄県復活《おきなわけんふっかつ》
1996.12	日米政府《にちべいせいふ》が普天間飛行場返還《ふてんまひこうじょうへんかん》など基地縮小《きちしゅくしょう》に合意《ごうい》
2002.7	政府《せいふ》・県《けん》・市《し》が普天間基地《ふてんまきち》の辺野古沖移設《へのこおきいせつ》に合意《ごうい》 →反対運動《はんたいうんどう》
2010.5	民主党《みんしゅとう》の鳩山政権《はとやませいけん》、普天間基地《ふてんまきち》の県外移設《けんがいいせつ》を断念《だんねん》
2015.10	国《くに》が辺野古沖《へのこおき》の埋《う》め立《た》て工事《こうじ》に本格着手《ほんかくちゃくしゅ》 →以後《いご》、この工事《こうじ》をめぐり、国《くに》と沖縄県《おきなわけん》の間《あいだ》で対立《たいりつ》が続《つづ》いている

太平洋戦争中《たいへいようせんそうちゅう》、沖縄《おきなわ》では激《はげ》しい地上戦《ちじょうせん》が行《おこな》われ、民間《みんかん》にも多《おお》くの犠牲者《ぎせいしゃ》を出《だ》した。そして終戦後《しゅうせんご》、日本が主権《しゅけん》を回復《かいふく》した後《あと》も、沖縄《おきなわ》は1972年《ねん》までアメリカの施政下《しせいか》に置《お》かれていたんだ。

そうだったんですか。

また、日本が経済成長《けいざいせいちょう》するにつれて、本土《ほんど》から沖縄《おきなわ》への米軍基地《べいぐんきち》の移転《いてん》が進《すす》んだんだ。例《たと》えば、**1952年《ねん》ごろ米軍基地《べいぐんきち》は沖縄《おきなわ》10%、本土《ほんど》90%だったけれど、沖縄《おきなわ》の本土復帰《ほんどふっき》ごろには沖縄《おきなわ》60%、本土《ほんど》40%くらいの割合《わりあい》になったよ。**

終戦間《しゅうせんま》もないころは、沖縄《おきなわ》の基地《きち》は今《いま》より少《すく》なかったんですね。

そうだね。沖縄《おきなわ》に米軍施設《べいぐんしせつ》が集中《しゅうちゅう》しているのは、沖縄《おきなわ》がアメリカの施政下《しせいか》にある際《さい》に基地《きち》を本土《ほんど》から沖縄《おきなわ》へ移《うつ》したから、ともいわれているよ。

歴史的《れきしてき》な背景《はいけい》があったんですね。

他《ほか》には、沖縄《おきなわ》の位置《いち》も理由《りゆう》の一《ひと》つと考《かんが》えられるよ。沖縄《おきなわ》は東《ひがし》・東南《とうなん》アジアに移動《いどう》しやすく、アジア・太平洋地域《たいへいようちいき》を広《ひろ》くカバーする米軍《べいぐん》にとって、沖縄《おきなわ》に大規模《だいきぼ》な軍事施設《ぐんじしせつ》を置《お》けるのは、かなりのメリットになるんだ。

基地《きち》が集中《しゅうちゅう》して困《こま》ることはないんですか？

いい視点《してん》だね。基地周辺《きちしゅうへん》では騒音問題《そうおんもんだい》があるし、演習中《えんしゅうちゅう》の軍用機《ぐんようき》が住宅地《じゅうたくち》に墜落《ついらく》して大事故《だいじこ》になったこともあるよ。住宅地《じゅうたくち》に囲《かこ》まれた普天間飛行場《ふてんまひこうじょう》は「世界一危険《せかいいちきけん》な飛行場《ひこうじょう》」とも呼《よ》ばれている。

米軍基地《べいぐんきち》を減《へ》らすことはできないんですか？

日本に米軍基地《べいぐんきち》があるのは、戦後《せんご》、日本とアメリカの間《あいだ》で締結《ていけつ》された「日米安全保障条約《にちべいあんぜんほしょうじょうやく》」で定《さだ》められているからなんだ。この条約《じょうやく》で、**日本は米《べい》軍《ぐん》に基地《きち》を提供《ていきょう》し、アメリカは日本を防衛《ぼうえい》する義《ぎ》務《む》を負《お》っている。**日本はこれによって国際的《こくさいてき》な安《あん》全《ぜん》を確保《かくほ》しているといえるから、日本にある米軍《べいぐん》基地《きち》を減《へ》らすことは簡単《かんたん》ではないんだよ。

なるほど。

ただ、この条約《じょうやく》の恩恵《おんけい》を受《う》けているのは日本の国民全員《こくみんぜんいん》だ。沖縄《おきなわ》が負担《ふたん》を多《おお》く強《し》いられているのは問題《もんだい》だよね。沖縄県《おきなわけん》以外《いがい》の人《ひと》も、「それは沖縄《おきなわ》の話《はなし》で自分《じぶん》たちには関係《かんけい》ない」と思《おも》ってはならないよ。基地問題《きちもんだい》は自分《じぶん》たちの問題《もんだい》でもあると考《かんが》えてみることが大事《だいじ》だね。

NDC323

ないとどうなる？　日本国憲法

第3巻

争いのない日々のために　～平和主義～

Gakken　2024　48P　28.5cm

ISBN 978-4-05-501428-1　C8032

監修《かんしゅう》

木村《きむら》 草太《そうた》

1980年《ねん》生《う》まれ。憲法学者《けんぽうがくしゃ》。

東京大学法学部《とうきょうだいがくほうがくぶ》を卒業《そつぎょう》した後《あと》、現在《げんざい》は東京都立大学《とうきょうとりつだいがく》で教授《きょうじゅ》をしている。研究《けんきゅう》テーマは平等原則《びょうどうげんそく》、差別《さべつ》されない権利《けんり》、思想《しそう》・良《りょう》心《しん》の自由《じゆう》、地方自治《ちほうじち》、子《こ》どもの権利《けんり》など。

テレビやラジオなどのメディアにも多《おお》く出演《しゅつえん》し、子《こ》どもから大人《おとな》まで、幅広《はばひろ》い世代《せだい》に法教育《ほうきょういく》を行《おこな》っている。

趣味《しゅみ》は将棋《しょうぎ》。

執筆協力

有限会社 マイプラン

株式会社 シー・キューブ

デザイン

大岡喜直、相京厚史（next door design）

イラスト

ool

編集協力

高木直子

中屋雄太郎

野口光伸

佐藤由惟

企画

樋口亨

憲法《けんぽう》の大切《たいせつ》さがわかった！
君《きみ》たちの世界《せかい》にも憲法《けんぽう》ができたらいいね

2024年2月27日　第1刷発行

発行人　土屋徹
編集人　代田雪絵
編集担当　樋口亨、小野優美

発行所　株式会社Gakken
〒141-8416
東京都品川区西五反田2-11-8
DTP　株式会社 四国写研
印刷所　宏和樹脂工業 株式会社（表紙）
大日本印刷 株式会社（本文）

この本に関する各種お問い合わせ先
- 本の内容については、下記サイトのお問い合わせフォームよりお願いします。
https://www.corp-gakken.co.jp/contact/
- 在庫については
Tel 03-6431-1197（販売部）
- 不良品（落丁、乱丁）については
Tel 0570-000577
学研業務センター
〒354-0045 埼玉県入間郡三芳町上富279-1
- 上記以外のお問い合わせは
Tel 0570-056-710（学研グループ総合案内）

ないとどうなる？日本国憲法

【各《かく》巻《かん》紹《しょう》介《かい》】

第1巻

みんなで決《き》める政《せい》治《じ》のために
～国《こく》民《みん》主《しゅ》権《けん》～

第2巻

自《じ》分《ぶん》らしく生《い》きるために
～基《き》本《ほん》的《てき》人《じん》権《けん》の尊《そん》重《ちょう》～

第3巻

争《あらそ》いのない日《ひ》々《び》のために
～平《へい》和《わ》主《しゅ》義《ぎ》～